父亲养责

丛书主编　周建设

丛书副主编　杨斯喻　陈炳哲

本书主编　周建设

本书副主编　张焕香

作　　者　周建设　杨斯喻　陈炳哲　张焕香
白　浩　包小金　郝雷红　侯守帅
李书业　刘光婷　刘燕辉　王玲玲
杨淑芳　张世方

首都师范大学出版社
CAPITAL NORMAL UNIVERSITY PRESS

图书在版编目（CIP）数据

父亲养责／周建设主编．— 北京 ：首都师范大学出版社，2016.8

（五开五养教育丛书／周建设主编）

ISBN 978－7－5656－3075－0

Ⅰ．①父… Ⅱ．①周… Ⅲ．①家庭教育－案例 Ⅳ．①G78

中国版本图书馆 CIP 数据核字（2016）第 182829 号

FUQIN YANGZE

父亲养责

周建设◎主编

责任编辑 赵自然

首都师范大学出版社出版发行

地　　址 北京西三环北路 105 号

邮　　编 100048

电　　话 68418523（总编室）68982468（发行部）

网　　址 www.cnupn.com.cn

印　　刷 湘潭市风帆印务有限公司

发　　行 全国新华书店

版　　次 2016 年 8 月第 1 版

印　　次 2016 年 8 月第 1 次印刷

开　　本 710mm×1000mm　1/16

印　　张 13.5

字　　数 235 千

定　　价 30.00 元

总　序

清华大学　蔡曙山[1]

教育是个大众话题，因为它涉及千家万户。教育又是一个精英话题，因为总历各代教育家，皆民族之精英；而教育家论教育，乃民族精英之话题。

孔夫子不用说是世界第一的教育家。两千多年来，他的“庶富教”的思想、他的“文行忠信”的思想、他的“有教无类”的思想、他的“因材施教”的思想是中国教育的主导思想，由此形成的儒家文化是中国的主流文化。今天，孔子的教育思想已经遍播世界各地。

教育与文化紧密相联。拉丁文“文化”（cultura）一词，原来就是“修养”“培养”之意。修养取之于内，培养取之于外。一个自然人不可能自动成为文化人，一定要经过教育和培养。中国古代没有“文化”一词，相应的文化行为叫作“教化”，它更好地体现了教育与文化之间的关系。

中国与世界历史上那些灿若星辰的教育家们，他们引领着中国与世界文化发展的方向。现代教育家、北京大学校长蔡元培先生说：“要有良好的社会，必先有良好的个人，要有良好的个人，就要先有良好的教育。”“所谓健全的人格，内分四育，即（一）体育，（二）智育，（三）德育，（四）美育。学校教育注重学生健全的人格，故处处要使学生自动。”“教育是帮助被教育的人，给他们能发展自己的能力，完成他的人格，于人类文化上能尽一分子责任；不是把被教

① 蔡曙山：博士、教授、博士生导师、清华大学心理学与认知科学研究中心主任。

育的人，造成一种特别器具，给抱有他种目的人去应用的。”[①] 清华大学校长梅贻琦将蔡元培的“四育”扩展为“德智体美群”五育，他有一句世界皆知的名言：“大学者非谓有大楼之谓也，有大师之谓也。”[②] 蔡先生和梅先生确是有自己教育理念的大教育家，当年的北大清华确系教育家长校。

或曰中国今日之大学校长，已无教育家，官僚而已矣。中国教育之现状，深为国人诟病者不少；中国教育之发展，国人深为担忧。

然凡事皆有例外。首都师范大学副校长、语言学家周建设教授主编的《五开五养教育丛书》似空谷足音，令人耳目一新。周建设先生提出“大教育”之理念，即“人人受教育，人人教育人”“学生心智类型与学校层级知识合理匹配”，主张社会教育与学校教育相结合，教育贯穿人生的全部过程。为此，丛书组织一批教育专家、教育管理者、硕士博士生和学生家长，积极探索中国当代大教育的理论与实践。目前这套丛书，提出“五养”与“五开”，即“母亲养德、父亲养责、师长养范、学校养才、社会养和”；“学前开心、小学开窍、中学开智、大学开悟、青年（硕博）开创”。“五养五开”是大教育理念的展开，这些理念和理论对当前中国教育具有理论创新意义和现实指导意义。

教育本身是一个不断创新的领域，教育的话题则是一个历久而弥新的话题。21世纪的新兴综合学科认知科学（cognitive science）包括六大支撑学科：哲学、心理学、语言学、人类学、计算机科学和神经科学。近人主张在此基础上再增加一门教育学。因为以探索人类心智奥秘和开发人类心智为目标的认知科学，无论是心智的探索还是心智的开发，都离不开教育。21世纪更大的一个学科综合群是“聚合科技”（converging technologies），它包括纳米技术、生物技术、信息技术和认知科学，简称NBIC。《聚合四大科技，提高人类能力》一书断言：“这些突破被用于加快技术进步速度，并可能会再一次改变我们的物种，其深远的意义可以

---

① http：//www. tianzhilou. com/kxl/cgzyl/2011 -08/19/content_ 1193502. htm。

② 清华终身校长梅贻琦，中国新闻周刊，2007年11月2日。

媲美数十万代人以前人类首次使用口头语言。”① 这部由美国70多位一流科学家共同完成的“21世纪科学技术的纲领性文献”共分六个部分，最后一部分以“统一科学和教育”为题，断言聚合科学将从根本上改变未来的教育方式。它说：“社会的未来依靠科学的持续进步，而持续的科学进步又依赖于科学教育。”“近来，科学和工程教育非常支离破碎，每个部分都被限制在特定的学科之内。而在将来，通过教育体系的确立，纳米、生物、信息和认知科学所提供的统一概念将作为知识教学的基础。自然科学、工程科学、社会科学和人文科学将汇聚一起。相应的统一科学的基本概念，也将被引进到K－12、本科和研究生教育当中。聚合技术所产生的新工具也会提供高质量、随时随地的教育机会。NBIC科学和工程教育将适用于大多数学生，并且也适用于所有相关成人的继续教育。”

相信本丛书对读者会有重要启示与帮助。期盼更多的仁人志士关注教育，研究教育，成为人才培养的成功探索者和实践者。我们期望，在“大教育”和“科学教育”的新教育理念和理论指导下，中国教育回归“教养”和“教化”的本质。我们也期望，周建设先生所领导的教育研究和实践团队会有更多的成果问世，使我们无愧于有五千年优秀文化和两千五百多年优秀教育传统的中华文明。

① ［美］米黑尔·罗科、威廉·班布里奇编，《聚合四大技术力量，促进人类生存发展：纳米技术、生物技术、信息技术和认知科学》，蔡曙山、王志栋、周允程等译，北京：清华大学出版社，2010。

父亲，孩子责任意识养成的第一范式

周建设

题记：父亲养责——责清而职明，职明而“能”随，“能”随而力注，力注而业成。

父亲养责是指在家庭成员中父亲的主要职责是培养孩子敢于担当的责任心。

为什么强调父亲养责？父亲在培养孩子的责任意识方面有着他人不可替代的作用。挑大梁、卖苦力、干大事等都是父亲一马当先。这种家庭角色的定位是父亲生理特性功能决定的，也是社会分工的反映。俗话说：“有其父必有其子。”孩子要立足于社会，社会责任心是基本生存需要。缺乏基本的社会责任感，孩子就不是健全的社会人，就不会被社会所接纳。社会归属是人的最基本的生存需要，孩子一旦缺乏社会责任感就会被社会边缘化。也就是说，缺乏责任感实际上就会失去社会生存空间。要想孩子成为对社会有用的人就得让孩子有为社会承担责任的意识。

为什么不说母亲养责，并不是否认母亲对孩子责任心培养的作用。母亲德化孩子必然包含着对孩子责任意识的培养，有德之人应该也是有责任心的人。这里只是强调，母亲的家庭角色主要是在品德方面对孩子言传身教，父亲的家庭角色主要是在“责任担当”方面言传身教，西蒙斯（P. Symonds）认为：儿童人格的发展和他（她）与父母之间的关系息息相关。这意味着当我们考虑亲子关系时，不仅要注意它们对造成心理情绪失调和心理病理状态的影响，也得留意它们与正常心理、领导力和天才发展的关系。孩子的人格是在与父母持续相互作用中逐渐形成的，富有感情的父母将会示范并鼓励孩子采取更富情感性的反应，孩子的人格就是在父母与他们的相互磨合中形成的。普洛明研究表明：儿童在家庭内与家庭外得到的经验对其人格发展都有重要影响。家庭是社会文化的媒介，它对人格具有强大的塑造力。父母在养育孩子的过程中，表现出自己的人格，并有意无意地影响和塑造着孩子的人格，形成家庭中的“社会遗传性”。

如何培养孩子的责任意识？培养孩子的责任意识，父亲必须明白自己是培养孩子责任心的主体。父亲只有对自己有了准确的角色定位才可能考虑责任心的培养内容和方法。培养孩子责任意识的内容极其丰富。总体说来，要培养孩子对自己负责，对家庭负责，对集体负责，对社会负责。对自己负责是指自己应当具备对他人负责的基本条件，包括身体、心态和知识能力。“天将降大任于斯人也，必先苦其心志，劳其筋骨，饿其体肤，空乏其身，行拂乱其所为，所以动心忍性，曾益其所不能。”我国先哲之言说的就是自身条件。对家庭负责是指担当家庭中的重任，包括两个方面：一是尽孝敬之心，二是尽安居之责。父亲对家庭负责的一个重要方面就是孝顺父母，关爱子女。一个对家人都不负责的父亲很难保证对他人负责。父亲对安居负责就是要对家庭的物质条件建设以及家庭关系、邻里关系担当责任。这种负责体现着父亲的工作作风、工作能力、勤奋节俭以及和谐处世的态度。父亲的言行时刻被儿童所仿效。家庭是一种特殊群体，家庭责任心的培养有利于集体责任心和社会责任心的塑造。对集体负责是指对自己赖以工作的单位负责。集体是个人发展的团体。集体事业的成败与个人息息相关。有责任心的个体应当关心集体，爱护集体。关心集体，要有维护集体凝聚力的责任感，要以宽阔的胸怀关心爱护他人，包容他人，还要为集体成就负责，包括严格遵守规章，爱护集体财物，更为重要的是要尽心尽力干好自己本职工作。对社会负责是指主动承担社会成员应当承担的责任，为社会建设做出应尽的贡献。社会是大于家庭大于集体的生活环境，它需要依靠每一个社会成员共同建设。负责任的社会公民要有社会参与意识，关心公益事业，保护环境，以实际行动感恩社会。

父亲养责要注重方法，因为父亲生性不像母亲温柔，教育孩子往往容易简单急躁甚至粗暴。父亲之教，最高境界是“行不言之教”。用心思考孩子的特点，在行为影响上下功夫。父亲负责任的行为示范胜过言语说教。

本人在教育行业耕耘40余年，有幸从事了中学、大学，包括硕士、博士、博士后各个层级的教学工作，在大学主管教学工作10年，在美国访学一年多，调研了几乎全美有代表性的学区，包括一些幼儿园，也对美国哈佛大学，斯坦福大学，英国剑桥大学、牛津大学，德国慕尼黑大学、汉堡大学等知名高校的人才培养有过深入调研，深切感悟到：“人才养成”应抓住五个要点，我把它叫作“五养”，即母亲养德、父亲养责、师长养范、学校养才、社会养和；“学校养才”也应抓住五个要点，我把它叫作“五开”，即学前开心、小学开窍、中学开智、大学开悟、青年（硕博）开创。

《父亲养责》是“五开五养”书系之一，由本人提出基本理念和写作纲要，并担任本分册主编。本书得到了诸多作者和教育同行的积极支持，编撰者花费了不少心血，总结梳理宝贵经验，形成比较完整的知识系统，对父亲如何培养孩子具有重要的借鉴作用。

人无完人，但可以是受欢迎的人。一个有责任心敢于担当的人就是永远受欢迎的人。受欢迎的孩子就是父母最放心的孩子。由于社会不欢迎没有责任心的人，在这个意义上说，父亲培养孩子的责任心是对家庭负责、对集体负责、对社会负责，同时也是对父亲自己负责。

目　录

第一部分　自身责任感

第二部分　家庭责任感

第三部分 集体责任感

第四部分 社会责任感

第一部分　自身责任感

卷　首　语

责任感是做人的基本素质，而幼儿阶段是责任感形成和发展的关键期，加强幼儿责任感的教育和培养，促进幼儿责任感的发展和提高已成为当前教育的一大重点。培养责任感不能仅仅依靠学校教育来完成，实践证明，更需要父母的引导与培养。在中国，伟大的教育家、思想家孔子说："父在观其志，父没观其行。"在西方，法国教育家卢梭也认识到父亲对孩子的巨大作用，他说："家庭是政治社会的原始模型：首领是父亲的影子，人民就是孩子的影子。"可见，一个家庭中爸爸对孩子的影响重大。在培养孩子的责任感上，一个父亲应该关注哪些方面呢？古人云：身体发肤，受之父母。首先就是培养孩子爱惜生命、敬畏生命的意识，做到身体健康，体魄健壮；同时还要拥有正直、乐观、进取的心灵以及勇于担当的勇气；做到身心的健康发展。孩子身心的健康发展有助于孩子摆脱以自我为中心的思想，养成良好的自治、自理能力；身心健康的孩子会思考自己的言行会对别人产生什么样的影响，进而明白自己肩负着对自己、对家人、对社会的责任。因此，对自身的责任感是家庭责任感和社会责任感的基础。

第一章　对自己的身体负责

世界上只有一种英雄主义，那就是了解生命而且热爱生命的人。

——罗曼·罗兰

身体是革命的本钱。

——毛泽东

所谓大德无形，大化无痕，所有的技巧与方法，均发乎爱，启于情。所谓爱，相关情，即对子女的关爱之情。对子女的养和育，不仅仅是母亲的专利，父亲在子女养责中被赋予了崇高的使命。

第一节　珍惜生命，爱护身体

从剪断脐带的那一刻起，一个生命便开始走上了他逐渐独立的历程，从婴儿期到幼儿期再到儿童期，作为家长总是竭尽所能为孩子建立一个充分安全、健康、快乐的生存环境。但安全应是一切的前提。婴幼儿期，家长担负监护孩子人身健康安全的责任，主要是通过看护、提醒、告诫等方式。随着年龄渐长，活动范围及能力范围渐增，原有的安全环境建立和安全注意事项的看护、提醒不再适合。授之以鱼不如授之以渔，作为父母，要学会放手，能够放心让你的孩子在你的视线外独立保证安全，学会保护自己的身体，往往说教和命令式的规避并不是最好的办法。学会保护自己，如果孩子故意或习惯性将自己置于危险境地，在身教无果的情况下，我们甚至不反对父母充当恶人角色，适当施以惩戒，在原则面前，心理的伤害和潜在的更大的危险，两害取其轻，适度的心理挫折并不会给孩子带来完全负面的影响。

1. 让孩子学会爱护自己，珍惜生命

【理论小提示】

所谓生命教育，简单地说就是关于生命的教育。主要是帮助孩子认识并珍爱自己的生命，尊重他人的生命，并在此基础上珍惜其他动植物的生命，与自然和谐相处。

由于长期以来的教育一直被功利所包围，生命教育反而成为教育的盲点。正因为生命教育的缺失，孩子才不知道生命的可贵，也不知道爱惜自己的生命和尊重他人的生命。生命教育应该是教育的一部分。

【案例阐述】

乐乐4岁半了。昨天上电梯时，她才进去，电梯门就关上了。被独自关在电梯里的乐乐略带哭腔地喊了一声："爸爸——"爸爸立即喊了一句："乐乐不要着急，按4!"等爸爸匆匆忙上了另一部电梯，到了四楼时乐乐已经在电梯门口等着了。

乐乐性格特别外向，甚至比男孩还淘气。一天中除了睡觉，几乎没有闲着的时候，所以爸爸会尤其关注她的安全问题。即便如此，爸爸妈妈在很多地方对乐乐是很宽松的，基本上不限制她，让她自己去摸索。她还是小不点时，爸爸妈妈就尽量不用消极的口气吓唬孩子："不准碰!""不许!"这样会让孩子变得特别胆小。而是尽力为孩子创设一个自由而安全的环境，教她一些趋利避害的经验。例如，在爸爸的关照下，把火和很热的东西靠近她的手，使她知道烫；让她摆弄一下别针，她就会知道别针会划破皮肤，会伤人。这样，她就知道这些是危险的，并逐渐会避开这些事物，慢慢知道保护自己。等她大一些时，爸爸会在她要做一些事或游戏之前，提前告诉她一些可能会发生的危险，如果她没有听进去，那就权当吃一堑，长一智了。

有一次乐乐在街上看到一个孩子在哭，马上对爸爸说："爸爸，他迷路了。""你怎么知道?""因为他是一个人，好像还在找人……""如果你是他会怎么办?""我就去找警察叔叔，告诉他我叫乐乐，我迷路了……"

在生活中爸爸也会随时将听到、遇到和想到的安全和自我保护的知识和事例及时地告诉乐乐，让她学会自己爱自己，树立安全的观念，教会宝贝如何保护自己，使自己不受伤害，以及遇到突发性事件时的应对能力。

其实，孩子面对的伤害主要有四种，即意外伤害、家庭侵害、学校侵害、社会侵害。家长要加强对孩子的安全教育。

要培养孩子三方面的自护技能：第一方面是让孩子在伤害意外等面前学会保护自己的身体；第二方面是在人际交往中学会人际安全的自我保护能力；第三方面是社会安全的自我保护能力，如在面临诱拐、诈骗、性侵犯等情况时如何保护自己。

家庭安全教育要融入日常生活，如告诉并示范给孩子看怎么正确使用剪刀，地上有钉子该怎么做，受到同伴欺负怎么办等。同时让孩子认识危险状况，并告诉孩子该怎么处理，如和他讨论"如果……会发生什么事""如果……要怎么办"，让孩子从各个角度来认识危险状况和处理方式，并以孩子的能力制定简单明确的规则。或通过角色游戏，帮助宝宝从模拟情境中揣摩紧急状况的应变方式。如父母扮演大灰狼宝宝扮演小羊，让宝宝从剧情对话中体验面对陌生人敲门的状况；让宝宝扮演医生，可降低他生病时吃药打针的焦虑；让宝宝扮演消防队员，可减少他面对火灾时的恐惧。日常也可训练主动维护安全的能力，如过马路走斑马线；逛街时请他"照顾"父母，别让父母迷路；出门前请他检查家里电器是否关掉电源等。除了身体安全，父母还要兼顾宝宝的心理安全，与其说"你爬那么高，我要打断你的腿""不准吃别人的东西，里面有毒药会毒死你"，不如说"如果你爬那么高，跌下来受伤了，我会很难过"，"别人给你东西吃，要经过爸妈同意才可以"。否则，为了维护幼儿身体安全，而影响他的心理安全，对别人或环境产生畏缩、不信任、充满恐惧，那又是另一种伤害了。

【专家小贴士】

如何培养孩子爱护自己、珍惜生命的意识呢？0 到 3 岁时，要经常带孩子去户外，接触各种小生命，引导和强化孩子与生俱来的与自然和谐相处的能力。3 到 6 岁时，爸爸应以身作则，把一些珍惜生命的故事用孩子般稚嫩的声音讲述出来，实践出来，通过故事教育孩子珍惜生命。再大一点，提倡孩子去身体力行，在实践的过程中学会珍惜，懂得爱，懂得生命存在的意义。

【误区小警示】

家长要与孩子好好沟通，当孩子想跟你沟通时，无论是什么话题，都必须耐心倾听，千万不能敷衍。一不注意，小孩子的倾诉愿望就会退缩，到那时候，再去沟通就来不及了。此外，一定要注重培养孩子对生命的敬畏。要学会自我珍惜，多给孩子的生活制造一些美好的事件，让孩子充满幸福的感觉。很多玩游戏的孩子，整天在网络上打打杀杀，很容易淡化这种对生命的敬畏之心。

2. 让孩子有正确的性别认知

【理论小提示】

我们应该承认男孩女孩与生俱来的差异，并且帮助他们形成最基本的性别概念。但是这种帮助应该是顺应孩子的自身成长特点，自然、温和而灵活的。此外，我们也应该看到，双性化已经成为孩子在未来获得成功的别样本领。因此，我们在帮助孩子形成相应的性别特征的同时，可以鼓励他（她）吸收异性的优势特征，增强竞争力。

【案例阐述】

晶晶有一天对爸爸说：“奶奶说我是从垃圾堆里捡来的，这是真的吗？”爸爸很尴尬，边哄边说："你奶奶说得对，你就是从垃圾堆里捡回来的，等你长大结婚了再告诉你吧。"

晶晶上幼儿园了，有一天爸爸把她从幼儿园里接回来时，她问："爸爸，为什么上厕所时，有的小朋友要站着，我却要蹲着呢？我偷偷地看明明，我们长得不一样。为什么啊？"爸爸一听，略带尴尬地说，"以后你长大了自然会明白。还有啊，以后上厕所要专心点，别去盯着别人，那样可不是好孩子。"

晶晶平日喜欢和一个叫王奇的男孩儿玩过家家，有一天，两人玩着玩着，晶晶指着一个玩具熊，对王奇说："你是爸爸，我是妈妈，这是咱们的小宝宝。"王奇说："那你就是我的老婆了，咱们一起睡觉吧。"然后两人就一起躺倒床上也不知道做什么，王奇突然凑上前吻了一下晶晶，晶晶也凑过去吻了下王奇。这一幕恰好让晶晶的爸爸看到了。爸爸训斥道："你们这是在干什么？这么小就不学好，以后再这样看我不打你们屁股！"

鲁迅先生也遇到过类似的问题：

有一天，周海婴问鲁迅："爸爸，侬是谁养出来的？"

"是爸爸的爸爸妈妈养出来的。"

"爸爸的爸爸妈妈，一直到从前，最早的时候，人是哪里来的？"

这追索到物种起源的问题，鲁迅便告诉他是从子——单细胞——来的。但是周海婴还是刨根问底："没有子的时候，所有的东西又是从什么地方来的？"

这样的问题不是几句话可以回答得了的，而且也不是五六岁的孩子所能理解的。但为了不使孩子失望，鲁迅还是耐心地告诉他："等你大一点读书了，先生会告诉你的。"

摘自《父母》

【专家小贴士】

如果孩子问到有关男女两性的问题或者表现出好奇，父母可适当地对孩子进行关于性别认知方面的教育，让孩子了解生命由来等科学知识。但如何进行呢？除了我们父母为孩子展示符合社会规范的性别角色行为外，还可以开诚布公地与孩子讨论人及性器官的基本常识，坦然面对孩子的性好奇，让孩子知道大人对此所持的态度。告诉孩子性器官与身体的其他器官一样，都是健康人所不可缺少的重要器官。它们负担着一定的生理功能，我们要好好对待它们，保护它们。让孩子感知到两性是一件很自然的事情。告诉孩子男女是有生理区别的，不但让孩子树立起自我保护的意识，更通过了解两者的区别让孩子学会更尊重对方的身体。

男孩需要在父亲带领下游戏和活动，父亲的理性、权威、粗犷及竞争性，是男孩子最需要学习的性别角色要素。女孩子经常跟父亲交流，也是相当有益的。孩子对一切都充满好奇，对自己的身体也是如此，孩子们还会做一些令人始料不及的事情，问一些令人意外的问题，此时，要用孩子的眼光来看待，避免大惊小怪和过度反应。

【误区小警示】

很多爸爸认为，性别认知是件自然不过的事，随着年龄的增长，孩子会顺理成章地完成性别认同，确定自己的性别角色。其实，除了先天原因的影响，一个孩子最终确认自己是男孩还是女孩，主要是在外界环境和教育等因素的渗透下缓慢进行的。如果外界没有给予孩子正确的导向，孩子就有可能产生性别角色混淆。

第二节　良好习惯，全面养成

1. 让孩子养成良好的卫生习惯

【理论小提示】

健康之法：保健锻炼，快走慢跑；健康之道：三四五顿，七八分饱；健康之秘诀：按时作息，规律生活；健康金钥匙：心理平衡，天天欢乐。

就如同建造一幢大厦，安全和健康是拥有一切的基石，其余的卫生习惯、饮食习惯和作息习惯都是让这座大厦更加安全、更加健康的支撑。

但同时现在在各种舆论或媒体有意或无意的诱导下，卫生即无菌，即超净似乎更容易被人接受。事实是婴儿抚养期，过度清洁会导致更高的婴儿患病比例。而父亲之于子女，最好不要再重复母亲在孩子们心中的形象，你需要的是阳刚和不拘小节，过度的家庭卫生条例会在无形中给孩子设定太多的门槛。

【案例阐述】

天天的妈妈是位护士，因为职业的关系，她特别注意孩子的卫生习惯，让他做个讲卫生爱清洁的孩子。当然饭前便后要洗手是最基本的了。但很不巧的是天天爸爸是位桥梁设计师，经常要在野外工作，经常是满身灰尘地回到家里。

妈妈很关注家人的卫生习惯，但天天却好像并不太听话，饭前便后有时不洗手，妈妈为此多次批评他。

没想到，天天说："爸爸也不洗手就吃东西啊。"

爸爸听到后，突然意识到，自己不爱洗手的坏习惯已经对儿子产生负面影响了。

于是，他给自己定下目标，一定要改掉自己的坏习惯，和孩子一起养成讲卫生爱清洁的好习惯。

他告诉天天："因为双手要碰到各种各样的东西，上面会有很多的细菌，如果不洗干净，细菌进到肚子里，该要肚子疼了。以后爸爸一定要改掉不讲卫生的坏习惯，和天天一起把手洗得干干净净。爸爸和天天相互监督，好不好?"

父子两人击掌约定。

从此以后，每天爸爸都要和天天用香皂把手洗得干干净净，两人相互监督，有时爸爸忘记洗手，天天还会督促爸爸赶快去洗，两人也会相互提醒该剪指甲了，该理发了。

妈妈欣喜不已，自己费尽口舌都没能做到的事，父子俩倒是轻轻松松一起做到了。

【专家小贴士】

养成好的卫生习惯，是每个人都知道的，也是伴随着自己每一天的事。但却并不是每个人都能做好的事。之所以不能做到，很大程度上是和小时候的卫生习惯有关。讲究卫生是一个孩子在涉世之初就要养成的好习惯，这不仅仅是生活习惯问题，更重要的是会关系到孩子的身体健康。讲卫生的孩子有可能会更健康，爱生病的孩子的卫生习惯往往会有些问题。所以，让孩子从小养成好的卫生习惯是十分必要的事。但孩子的习惯的养成，很大程度上又是倚赖父母的要求，不光是妈妈，爸爸的影响力会更大。父母应该时常给予引导和监督，教会孩子正确的卫生行为，并让孩子坚持下去。当然，也需要家长双方以身作则，自己本身就拥有良好的卫生习惯。如此持之以恒，孩子定然会养成讲究卫生的好习惯。

现在大部分家庭都是独生子女，父亲溺爱孩子，遇事包办代替的现象非常严重，使孩子养成娇惯、胆小、专横的坏习惯，放手让孩子去做力所能及的事情，爸爸可以在旁边给予适时的引导和帮助，让孩子在实践中养成讲卫生的好习惯。

【误区小警示】

遇到孩子做错事情，要根据孩子理解水平给予讲解并告知应该如何去做，要多用肯定的口吻，比如“应该怎样……”“要怎样……”，少用否定的口吻，比如“不准……”“不允许……”，遇事要多强调，正面引导，这样才能给予孩子正确的概念。

2. 让孩子养成健康的饮食习惯

【理论小提示】

拥有良好的饮食习惯对每个人来说都是保证身体健康的基本手段。处在生长发育期的学生就更需要得到爸爸的正确引导。不正确的饮食习惯不仅对孩子的身体发育有影响，对智力发育的危害也是巨大的。所以，不正确的饮食习惯就如同身体里的一颗“毒瘤”，随着时间的推移和“病毒”不断的堆积，恶果终有爆发的一天。

【案例阐述】

圆圆是个6岁的可爱女孩儿，平时乖巧听话，但却有一个很不好的习惯——偏食。

圆圆爱吃肉，不爱吃蔬菜。为了孩子的营养均衡和身体健康，每次吃饭的时候，爸爸妈妈都会尽量让她多吃蔬菜，但圆圆偏偏不听，还是只吃肉，不吃蔬菜。不管怎么劝说，总是收效甚微。爸爸和妈妈下定决心，一定要改掉她偏食的坏习惯。

有一天，妈妈只做了青菜。圆圆来到饭桌一看没有自己喜欢的肉，满脸的不高兴，拒绝食用。可为了改正孩子的这个坏习惯，爸爸妈妈铁了心要她把蔬菜吃下去。不管妈妈怎么说，软硬兼施，可圆圆就是不吃。

最后爸爸实在忍不住了，生气地要把一筷子青菜塞到圆圆的嘴巴里，可圆圆就是不张口，爸爸更来气了，伸手就把圆圆的嘴巴撬开，硬是把青菜给塞了进去。圆圆这下子哇哇大哭，眼泪叭叭地往下掉，爸爸妈妈看在眼里，心里也不是滋味儿。

没想到，这次之后，圆圆不爱吃蔬菜的习惯不但仍然没有改变，反而对爸爸有了畏惧感，总是躲着他，这下子，又多了一个麻烦。

那怎么让孩子养成良好的进食习惯，来保证孩子有一个健康的身体，不容易生病？卡尔父亲培养小卡尔·威特的方式值得我们借鉴。

在父亲的细心培养下，小卡尔在吃了正餐之后很少吃零食，哪怕是到亲戚家做客，别人为他拿出精美的点心，他也可以做到严格控制自己，坚决不吃。而这决不是父亲对卡尔的强制要求，而是小卡尔自己的意愿。他在父亲的影响下，拥有了自己正确的进食原则。那卡尔父亲用了什么方式就让卡尔从小就明白，不健康的饮食方式会给身体带来严重的后果，而能做到管理好自己的饮食习惯呢？原来是父亲经常带着卡尔去看望那些因为暴饮暴食或偏食而生病的孩子们，通过那些孩子告诉他不正确吃饭会造成的后果，从而让卡尔从小就明白，吃饭不仅要全面和充足，而且还要有节制和选择。

【专家小贴士】

挑食、偏食或贪吃是孩子们普遍存在的坏习惯。对于他们不喜欢吃的东西，做得再可口美味，任凭父母怎么说，他们也都是一口不吃。现在的孩子普遍喜欢吃甜食、膨化食品、油炸食品等，爱喝各类的甜饮，不喜欢正餐和白开水，其实这是极不健康的饮食习惯，对孩子的身体发育和健康都有负面的影响。但孩子偏食或贪吃的坏习惯一旦养成，就很难改正，很多父母深受其苦，但这其实也并不是无药可下。可从以下三方面试试看：一、千万不要从思想上让孩子对某种事物产生抵触感。千万不要当着孩子的面去说孩子不喜欢吃什么，不要让孩子产生“我不爱吃是理所当然的”的心理，反而应该多多向孩子介绍吃它的种种好处，积极鼓励孩子去尝试，如果孩子不吃，也不要用强制的手段逼迫孩子吃父母准备的饭菜，这样会刺激孩子的逆反心理。二、从食物本身上说，尽量将饭菜做得更精美可口，可采取小游戏的方式和孩子一起去分享，让孩子去尝试第一口，说不定，他（她）就会喜欢上父母准备的饭菜。这样，作为父母担心的问题也就迎刃而解了。三、对贪吃的孩子，家长要制订严格的进食计划，正餐一定要吃好，阻断孩子的零食渠道和来源或者试试卡尔父亲的方式，也许会给你带来惊喜！

【误区小警示】

现代家庭中孩子养得娇，往往是孩子喜欢吃什么就买什么，殊不知这对孩子的生长发育并无好处。应该注意让孩子从小养成良好的饮食卫生习惯，按时进餐，不暴饮暴食，少吃零食，不偏食。尤其是要注意从小培养孩子健康的饮食观，让孩子从小形成饮食有节、均衡营养的好习惯。

3. 让孩子养成规律的作息习惯

【理论小提示】

1. 合理地安排时间，能够极大程度上提高办事的效率，爸爸需要引导孩子养成合理安排时间的习惯。

2. 休息好才能学习好，良好的睡眠有助于孩子智力的发展，爸爸不要忘记让孩子养成良好的作息习惯。

【案例阐述】

鑫鑫每次放学后总要和小朋友们一起在外面玩儿，舍不得回家，叫他回来，一副很不情愿的样子，有时要做的作业也就耽搁了。

“我还不想睡嘛！再玩一下就好了。”到晚上休息的时间，鑫鑫还要求爸爸妈妈陪他一起玩耍。而等父母左哄右骗，好不容易把孩子送上床睡觉，自己则已累瘫了。如果孩子都能自觉乖乖上床睡觉，那该有多好！

因为工作或者娱乐的原因，爸爸常常晚睡晚起，有时凌晨2点才睡，日上三竿才能起床，这样下来，鑫鑫也随着爸爸妈妈的作息时间了。一到上学的时候，早上总也起不了床，经常迟到。偶尔早起了，白天上课的时候就打瞌睡，影响了学习的效果。为此，爸爸妈妈很头疼，两人商量后决定，为了让鑫鑫养成良好的作息习惯，爸爸也要改掉自己的不良作息习惯。每天晚上10点上床睡觉，早上7点起床，周末也不例外。一开始的时候，爸爸这个夜猫子早睡睡不着，心里也痒痒的。坚持下来，就发现了良好作息的妙处：晚上和鑫鑫一起读书，讲故事或者听听音乐；早上到点起床，逢到周末还一起去跑步、爬山。坚持了一个月，不仅让孩子养成了良好的作息习惯，还加强了父子间的感情交流，可谓一举两得。

美国第三十二届总统富兰克林·德拉诺·罗斯福是美国历史上唯一连任四届的总统。他出身于富豪家庭，父亲学过法律，又经过商，很有钱。罗斯福的降生给这个本来就十分幸福的家庭又带来了无比的欢乐。幼小的罗斯福成为父母关注的中心。然而，罗斯福的父母并不娇惯他，而是严格地管束他。他们为小罗斯福安排了很严格的作息时间表：7 点起床，8 点吃饭，跟家庭教师学习二三个小时，中午休息，下午 1 点吃饭，午饭后又学到 4 点，然后可以自由活动。罗斯福的父母知道尊重孩子，在给孩子制定了严格的作息要求的同时，也给孩子一定的自由活动的时间，使孩子在无拘无束中松弛一下，尽情地享受童年的欢乐，这对儿童个性的发展和良好品格的形成是有好处的。

【专家小贴士】

其实鑫鑫爸爸只是稍稍调整了一下作息，就改变了孩子的作息习惯，解决了让人头疼的问题。良好的作息习惯是身体健康的必要条件，尤其是对孩子。而孩子的作息很大程度上是由父母的作息习惯决定的。但现代父母“夜猫子”居多，常常工作或玩乐到三更半夜，自己的作息晨昏颠倒，而到周末更是如此，严重打乱了孩子的正常睡眠时间。一个人的生活作息，在现代多元的社会里，看起来似乎越来越不重要，因为每个人所享有的自由越来越多，而我们的教育也教导我们，要能包容每个人不同的生活方式。但对于一个正待灌溉成长的幼儿而言，给孩子一个合理正常的生活模式，是为人父母的责任。

作为爸爸，在帮助孩子养成良好作息时间这个问题上，一定要坚持，千万不能因为心疼而放弃，要知道，这种坚持才是对孩子最大的爱护。

【误区小警示】

作息时间混乱是现代人生活的误区，这一点，孩子也不可避免地受到影响。现在的小孩从婴幼儿阶段就开始接触电视、电脑，到了幼儿期，沉湎于电视、电脑的机会更多。有些小孩子从 3 岁开始就接触电脑；有的孩子精力充沛，周末、节假日甚至随着父母的生活节奏晚睡晚起，这种做法不仅使孩子的身心得不到充分的休息，还使孩子到了上学年龄，不能适应学校的作息时间。

第三节　勤于劳动，乐于锻炼

1. 让孩子勤于劳动，珍惜劳动果实

【理论小提示】

如果你的孩子会尊重别人，他的心智是完善和完美的。可以很容易理解的是，只有学会尊重别人，你才能得到尊重。尊重包含了尊重别人和尊重别人的劳动成果。

【案例阐述】

6岁的叮叮聪明活泼，人见人爱，但有一个特别不好的习惯就是不懂得珍惜。不管是做好的饭，买来的玩具，还是家里被打扫得干净整洁的环境，他吃饭总是撒的比吃的多，玩具也都是没几天就残缺不全，干净的房间没一会儿就被乱丢乱放的玩具、图书弄得乱七八糟。全家为此十分苦恼，多希望叮叮能改掉这个坏习惯。但是，不管怎么叮嘱叮叮，都不见效。为了让叮叮改掉这个坏习惯，经过一段时间的考虑，爸爸给叮叮制定了严格的规矩：做饭的时候让叮叮也参与起来，一起洗菜洗米，调动孩子的劳动积极性；饭吃多少盛多少，撒在外面的也一定要吃掉，这样既培养了叮叮爱劳动的习惯，也同时让他知道不能浪费粮食，要珍惜劳动果实。如果新买来的玩具损坏了，在3个月之内不会再给他买新的玩具；同时爸爸鼓励叮叮和他一起修理被损坏的玩具，两人一起动手，给他讲解玩具的构造及制作原理，这样既让叮叮了解了每件玩具都来之不易，又让他动手参与修复玩具，让他更珍惜每一件玩具。让叮叮一起参与打扫房间，爸爸拖地，妈妈擦家具，叮叮自己收拾玩具和图书，开始时，叮叮不好好收拾，爸爸妈妈叮嘱他一定要收拾好自己的东西，但他的东西还是乱扔乱放，时间一长，想用的东西

总是找不到，爸爸妈妈也不买新的给他，这样一段时间后，叮叮也开始有意识地不乱丢东西了。爸爸在观察叮叮的时候，也以身作则，改掉自己乱丢东西的毛病，做叮叮的好榜样。

这样坚持了一段时间，叮叮改掉了不爱惜物品的坏习惯，培养了爱劳动的习惯，又让他有了珍惜劳动果实的意识。

伟大革命领袖列宁爱劳动的习惯也是在父母的影响教育下养成的。列宁的父母从小就从玩玩具、做游戏开始，让孩子自己收拾玩具和小人书，当然也让他自己穿衣服和吃饭；稍大一点就学着做家务，照顾弟弟妹妹。

父亲还教孩子们劳动技能，教孩子们做手工劳动，教他们使用木工工具，边做边讲故事来增添劳动中的趣味，几乎所有的玩具都是孩子们自己制作出来的，成功使列宁感到劳动的愉悦，也更热爱劳动。

【专家小贴士】

很多家长认为孩子的主要任务就是学习，只要学习好了，其他的事都不需要做。让孩子过着“衣来伸手，饭来张口”的生活。如此，孩子又怎么能体会到父母的辛苦工作，珍惜父母的劳动果实呢？长久下来，孩子养成了懒惰的性格，自己的事情自己不去做，而且别人帮忙做了，还会认为是天经地义的，又怎么会去珍惜呢？只有通过对劳动的真实体验，让孩子参与到劳动中，养成勤于劳动的习惯，才能让孩子懂得劳动果实的珍贵，从而懂得尊重劳动者，尊重劳动果实。这就需要家长们利用平日的家务劳动，引导孩子积极参与，从珍惜自己的劳动果实，到尊重他人的劳动成果，让孩子树立起对劳动的正确认识。

爸爸要经常利用节假日，培养孩子的劳动观念，提高孩子的劳动技能，这样会增强孩子的责任感，培养独立自主、勤劳俭朴、吃苦耐劳的品质。在劳动过程中，注意引导孩子把劳动过程和劳动成果联系起来，加深理解劳动的意义。孩子对劳动成果的印象愈深，教育作用也愈大。

【误区小警示】

一个爸爸因为疼爱孩子而随意满足孩子对玩具、衣物和金钱的要求，对孩子乱扔玩具、破坏玩具的行为听之任之，从不让孩子参加劳动、了解劳动的艰辛，这样孩子就无法体会到劳动成果的来之不易。因此，家长应引导孩子注意把劳动过程和劳动成果联系起来，加深理解劳动的意义。孩子对劳动成果的印象愈深，教育作用也愈大。

2. 让孩子热爱运动

【理论小提示】

在满足安全环境的大前提下，孩子就像是在阳光雨露下萌发的新芽，茁壮成长是首要的，这就需要孩子拥有健康的体魄。健康的体魄是孩子未来学习、生活、工作的基础，是迎接人生挑战的根本。有资料表明，当前幼儿的身体素质并不比20世纪八九十年代更好，原因也许有学前和学校教育的原因，但也和多数家庭重智轻体有着直接的关系，因此，让孩子加强锻炼，健全体魄，是家长义不容辞的责任。

【案例阐述】

悦悦4岁半了，总是喜欢看书、玩过家家的游戏，不太喜欢运动，爸爸妈妈也并未太当回事儿，女孩儿嘛，静一点也没什么不好。但上了中班后，幼儿园里要开展轮滑课程，这下子有了麻烦。上轮滑课前，爸爸特意为她挑选了漂亮的鞋子、护膝和安全帽等，希望女儿高高兴兴地学好轮滑。可过了几天，老师打电话过来说悦悦开始学轮滑学得好好的，但摔了两个屁墩儿后，就再也不敢轮滑了。怎么说都没用，问她原因，她就说害怕。

于是，喜欢运动的爸爸决定每天晚上在院子里陪女儿练习轮滑。开始的时候和预想的一样，悦悦还是不配合，好说歹说穿上了鞋子，但扶着爸爸站在那儿哇哇地哭，也不敢动一下。爸爸只好自己穿好鞋子，先给悦悦表演了一圈，为此，还假摔了一下，站起来拍拍屁股装作没事的样子，引得小姑娘哈哈乐了。看孩子放松下来，对轮滑也没那么抵触了，爸爸从前面拉着悦悦的手站起来，和她玩游戏，让她扮演"不倒翁"，左右转移着前进。悦悦有了爸爸的鼓励和帮助，没有那么害怕了，经过多次的练习，踏步做得越来越好。时间长了，悦悦也可以慢慢滑行了，爸爸就和她一起玩儿"老鹰捉小鸡"的游戏。这下子，悦悦更是喜欢上了轮滑。孩子也感受到了轮滑这项运动的乐趣。

从此，爸爸开始意识到，运动对于孩子并不是可有可无的。他下定决心，一定要让女儿喜欢上运动，享受到运动的快乐和健康。

而发生在名人身上的重视运动锻炼的事更是不胜枚举。

在19世纪时，洛克菲勒家族事业的创始人约翰·D·洛克菲勒只是一个周薪7美元的打工仔，但他通过个人奋斗最后创建了标准石油公司。在教育自己的下一代方面，他制定了许多严格的措施。

约翰·D·洛克菲勒常常和孩子强调锻炼身体的重要性，儿子上学时，他让儿子滑着旱冰经过中央公园到林肯学校，家庭司机只是开着车跟在后面。让孩子热爱运动，乐于锻炼，不做温室里的花朵，借此让孩子达到锻炼身体和磨炼意志的目的。

而最有名的是在日本，上学的孩子们会在大寒当天，也就是一年中最冷的一天，脱掉衣服，赤裸着上身进行跑步测验，冒着严寒尽情嬉戏，体验更猛烈的寒冷。整个冬天，每天让孩子们坚持打赤膊跑步，以这种方式在寒冬里锻炼身体，培养孩子们热爱运动的意识，并增强抗寒能力。

【专家小贴士】

每个孩子的性格不一样，喜好也不尽相同。如果你的孩子对运动没有兴趣，先不要认定他就是不喜欢运动或强迫他去运动。你应当找出问题的根源，而不是强迫孩子加入到一个运动中去。那些认为自己体能不佳或觉得自己与同伴不同的孩子，可能不喜欢参加运动活动，无论这些差别是真的存在还是仅仅是孩子的想象，对孩子的自尊心和身体状况都可能带来影响。害怕失败或在公共场合感到困窘，还有怕让自己的父母丢脸，都是一些孩子不愿意参加运动的原因。另一些孩子可能缺乏或自认为缺乏在某项运动中取胜的能力，他们也害怕受伤或天生就小心谨慎。还有一些孩子，像成年人一样，对竞技性运动毫无兴趣，但仍然热爱其他非竞赛性的运动，以保持身体的健康。应该鼓励孩子从事一些毕生可以进行的运动，如骑自行车和跑步等，这些非竞赛的活动有助于孩子保持良好体质。

爸爸要多鼓励孩子，让孩子喜欢各种运动，还要坚持正确的运动法则。在运动过程中，不但要注意身体各部位的协调发展，同时也要发展力量、速度、耐力、柔韧、灵敏、平衡等各项身体素质，提高生活劳动所必需的跑、跳、投掷、攀登和游泳等实用技能。还要培养孩子果断、机敏、勤奋、吃苦耐劳、大胆沉着等品质。

【误区小警示】

如果开始孩子对运动有惧怕的心理，爸爸应该采用他喜欢的、能接受的方式去引导他，如果他选择有困难或固执己见，对孩子也应该有耐心，也许要经过好几次尝试，孩子才知道什么样的运动适合自己。即使爸爸本身就不喜欢运动，也要尽量使运动成为自己生活的一部分，寻找一些适合全家一起进行的活动，从而让孩子喜欢上运动。通过运动不仅能让孩子强身健体，还能达到磨练意志的目的。

第二章　养成一颗积极、乐观、向上的心

父亲们最根本的缺点在于想要自己的孩子为自己争光。——罗素

我们对于儿童有两种极端的心理，都于儿童有害。一是忽视；二是期望太切。忽视则任其像茅草一样自生自灭，期望太切不免揠苗助长，反而促使其夭折。所以合理的教导是解除儿童痛苦增进儿童幸福之正确路线。——陶行知

爱因斯坦曾说："智力上的成就很大程度上依赖于性格的伟大。"因此，一个父亲的首要任务就是要训练孩子的心理素质，帮助他们从小形成健康、良好的性格，用自己的关爱与激情培养孩子的阳光心理，使孩子始终拥有一颗积极、乐观、向上的心态，帮助孩子树立正确的世界观、人生观、价值观。

第一节　感受幸福，热爱生活

1. 给孩子一个美满的家庭

【理论小提示】

教育家兰尼说过："一个美满的家庭，犹如沙漠中的甘泉，涌出宁谧和安慰，使人洗心涤虑，怡情悦性。"

家庭的和谐美满对孩子的影响非常大。心理学家发现，一个有良好情绪的孩子是快乐、有幸福感的孩子，而良好的情绪是决定今后智商的一个关键性因素，

因此，孩子智力的发展需要一个和谐轻松、愉悦民主的环境。如果孩子从小生活在缺少欢乐、缺少关爱、专断强制，甚至充满战火、经常争吵的环境中，其心灵会蒙上一层阴影，必然无幸福可言，并严重影响到孩子智力的发展。

【案例阐述】

李先生高中毕业后就开始开出租，妻子失业在家，平时生活压力大，儿子明明今年上小学四年级，原先在海淀区某小学就读，因与同学关系不睦今年转学到西城区的某一小学，全班35名学生，来此学校后不久就受到本班32名家长联名向校长举报，班内的孩子几乎都受到过他的打骂，在课堂上经常无视老师的存在随意走动玩耍，甚至打骂老师。老师对他都是无可奈何，多次与其家长联系，不见成效。据了解，李先生因平时工作劳累或者在外受了气，回家就辱骂妻子和孩子，孩子稍有言语的顶撞，就会受到一顿拳脚，家里经常是战火不断，而明明身上是伤痕累累，特别是接到老师的沟通电话后，更是二话不说又踢又踹，妻子对此也是敢怒不敢言，一家人从来没有过一起带孩子逛个公园或参观个博物馆，长此以往，明明身上就表现出现了这种暴力的倾向。

【专家小贴士】

作为一家之主，父亲应该注意家庭快乐气氛的营造，有了孩子之后，在家庭和睦上要更加小心。在和谐民主、欢乐关爱的家庭中，孩子不但快乐自信，也待人友好亲切、有礼貌，而在专制暴虐或放任不管的家庭中，孩子不但怯懦孤僻，待人也缺乏诚信、不负责任。

【误区小警示】

这位父亲作为家庭的顶梁柱，独断专行，对妻子不尊重，孩子长期生活于家庭的不幸中，个性表现得怯懦、说谎、不信任别人，或者表现得自私蛮横、性情暴躁、任性无理。一位有责任心的父亲，即使工作压力大，也不应该将工作的情绪带回家，感染给孩子。即使意见有分歧也应以讨论的方式进行，决不伤及感情，要给孩子一个充满爱和快乐的家庭，让孩子感受到幸福。

2. 给孩子一点“饥饿感”

【理论小提示】

专家拿两群猴子做实验。一群猴子吃的栗子唾手可得，它们却食欲几无，长得瘦骨嶙峋。另一群猴子，则让他们处于半饥饿状态，他们得过河爬上悬崖才能弄到树上的栗子。结果，后者明显比前者有活力。

现在的孩子可谓“衣来伸手，饭来张口”，一个个都是“小皇帝”“小公主”，因为什么东西都一蹴而就，反而不知道什么是拥有，什么是珍惜，什么是幸福了。

【案例阐述】

作为一位民营企业家，公司越开越大，老王接近不惑之年时得了一个宝贝儿子，这是个物质生活富有的幸福孩子，都上小学二年级了，依然过着奶不离嘴的生活，每月要喝三罐奶粉——是因为他从小吃腻了鱼肉，现在闻到鱼肉味就恶心，能吃的蔬菜也只有一两种。所以无奈之下只得用奶粉补充营养。几日前孩子发烧感冒，去医院挂点滴，他嫌那里环境太吵，老王只好提着点滴赶回家挂了……

如今，老王最怕的就是带孩子出门，孩子看到什么就要买什么，家里各种汽车模型、玩具枪，扔得到处都是。一次儿子看上了一个很大的滑滑梯，非要让老王买回家，这个滑滑梯是游乐场玩的那种，并非属于家庭小型玩具，老王考虑到客厅装不下，第一次拒绝儿子：“这个咱家装不下，换个别的行吗，儿子?”儿子一句“买个装得下的房子不就行了”，老王一听，愣住了，这房子哪能这么容易换呢？没想到，儿子就此不依不饶，折腾了几天，硬是没给老王好脸色。

没想到，几天后去学校接孩子，孩子张口就说：“爸，我同学润润的爸爸开的是宝马，把咱家的奥迪也升升级吧。”

老王这才认识到问题的严重性，儿子是陷入了从小什么都被满足的“幸福综合症”中，认为得到什么都理所应当，得到时不觉得珍惜与快乐，不论得到什么，对他而言，都没幸福可言了。而一旦不能达到其要求就会气急败坏，如果受到拒绝必将怨天尤人。

【专家小贴士】

与其给孩子丰富的物质，不如给他一个健康的身体，给他一个健康的心理，一个快乐的人生。一味地溺爱孩子，有求必应，只能让孩子养成以自我为中心的坏习惯。

【误区小警示】

不要让孩子养成要啥买啥的坏习惯，让他知道“劳动与所得、权利与义务”的关系或者遵循“每次只能买一个”的规则，让孩子珍惜自己所拥有的，只有懂得珍惜，才会幸福。

3. 给孩子一个宽松的空间

【理论小提示】

孩子都喜欢被善待、被尊重，可以自由地选择自己要做的事情，在他主动地完成一件事情时，会有一种控制世界的感觉，他的那种自信、乐观也就表现出来了。幸福，不是你送的芭比，不是你给孩子买的最新动画片，也不是你给他的一柜子衣服。真正的幸福有着深刻的内容，就是给孩子宽松的环境，让孩子无拘无束地完成一件事情时的成就感。

【案例阐述】

北京中学语文教学特级教师、现北京顺义区语文教研室教研员刘德水老师的女儿于2009年以顺义区文科第一名的成绩考入了北京大学，当年她的作文取得了满分，并在大一的时候出版了自己的第一本书。刘老师在谈及女儿的教育时，曾骄傲地讲过女儿从小学一年级开始写日记，一直到现在从未间断过，在女儿升入小学的第一天，刘老师送给了女儿一个日记本，这个日记本并不厚，只有六十页，女儿说："我不会写，不知道写什么。"刘老师并不勉强，对女儿说："那你就写上，今天爸爸送给我一个日记本，我说不会写，不知道写什么。"女儿就把这段和爸爸的对话写上了，第二天第三天都是写了这么短短的两行。在第四天的时候，刘老师说："女儿，很不错，已经写了三页纸了，咱们读读，都是以'今天'开头，咱们今天写就不以'今天'开头了。""那以什么开头?"女儿问，"以什么开头都行，就是不能以'今天'开头"，"那我就以'昨天'开头"。于是女儿以"昨天"开头写了几天日记，后来又以"明天"开头，一个月以后，女儿已经写了半个本子了，每篇日记都是以时间开头的，刘老师又以上面的方法指导女儿以地点、天气等开头，就这样在父女二人的谈话聊天中，女儿不知不觉就写完了一本又一本日记。

在女儿上小学三年级的时候，一次外出旅游十来天，女儿不想写了，刘老师也没有强迫孩子，只是说："在外游玩，可写的东西很多，但如果实在不想写就停几天。"女儿思考一下，反而认真地说："都写了两年多了，停了可惜。"

刘老师最后骄傲地总结说："我女儿中考语文作文满分，高考也是，别人问我怎么教育孩子的，其实，没有什么技巧，就是引导她，让她无拘无束地自由地选择。"

反观我们现在的一些父亲，强迫孩子学习，却使孩子更加逆反，结果适得其反。

【专家小贴士】

孩子们以后的成功不仅需要学习好、钢琴弹得好等“本领”，更需要一种自主自发的精神，给孩子一个自由成长的空间，培养学习的兴趣，使孩子在这种宽松的环境中更主动更快乐地学习，享受学习的过程才是培养孩子的根本。

【误区小警示】

孩子们不快乐的根源，很大程度上就源于家长“好心”带来的精神重压。在当今社会教育功利化导向下，我们太渴望孩子能够成功了，总根据自己的设计安排孩子们的时间，限制孩子自由选择和发挥的空间。许多孩子在不快乐中被动地接受着我们给予和圈定的生活方式，在这样的“幸福生活”里，孩子们快乐、友善、创新的天性必然会出现整体性缺失。

第二节　培养信心，追求理想

1. 关注孩子的恐惧心理

【理论小提示】

在生长发育过程中，孩子容易对某些人物、事物、情景产生恐惧，时间长了会影响孩子的身心健康，变得怯懦而自卑，易产生挫折感。父亲如果及时发现了孩子的恐惧情绪，并适当引导抚慰，就能帮助孩子免受伤害，变得勇敢而自信。

【案例阐述】

洋洋3岁了，却比小女孩还胆小，怕黑、怕生人、怕小宠物，甚至连大的响声都害怕，看到儿子这样，洋洋的父亲杨先生特别着急，常常说：“这孩子怎么这么不像我，我小时候可什么都不怕!”那天，雷声大作，洋洋吓得痛哭流涕，一下子扑到妈妈怀里，杨先生立时火气上来，责怪道：“雷声有啥害怕?别像个小女孩一样动不动就哭。”没想到，洋洋哭得更厉害了，杨先生后来发现，越是这样，孩子就越惊恐不安。不知不觉洋洋该上幼儿园了，这种胆怯不但没有任何改观，反而愈演愈烈，杨先生向他人请教，他开始反省自己对待孩子的方式，认识到骂孩子是胆小鬼，吓唬他不许哭，决不是好办法。洋洋惧怕雷声，他向洋洋说明雷电产生的简单道理，让洋洋明白雷声只是一种自然现象，从而消除他对雷电的恐惧；洋洋晚上怕黑，他引导洋洋观察黑夜，让洋洋明白晚上和白天其实是一样的，洋洋终于同意晚上自己单独睡了；洋洋害怕在众人面前讲话，甚至不敢和小朋友一起玩耍，他告诉洋洋：“小朋友其实都很喜欢他，都特别喜欢跟他一起玩耍”“叔叔阿姨都觉得洋洋很棒，特别喜欢和洋洋交流，如果能听到洋洋唱歌他们会很高兴。”在杨先生诱导下，洋洋开始一点点地接近自己所怕的事物，当洋洋取得一点儿进步时，杨先生就及时鼓励他的勇敢，久而久之，在洋洋升入到幼儿园中班时，已经成为一个非常勇敢的小男子汉了。

【专家小贴士】

对孩子的恐惧既不能满不在乎，也不能大惊小怪。父亲要认识到这是正常现象，心态要自然平和，要循循善诱，鼓励孩子，告诉孩子爸爸小时候也像你一样害怕这些，长大了才不怕的。当孩子取得进步时，要经常、及时地赞赏孩子好的表现。

【误区小警示】

对于孩子的恐惧，切勿责备、嘲笑或愚弄孩子，决不用辱骂来惩罚孩子，不要生气地恐吓孩子，也不要当众批评和嘲笑孩子，当然也不能孩子一害怕，父亲也跟着害怕。这样，只能让孩子的焦虑情绪恶化，使孩子更胆小怕事，造成心理畸形，失去自信心。

2. 培养自信心，赞许自我

【理论小提示】

诺贝尔文学奖得主吉卜林在给儿子的诗中这样描述自信：如果在众人六神无主之时，你要能镇定自若而不是人云亦云；如果在被众人猜忌怀疑之日，你要自信如常而不去枉加辩论。真正自信的人，既能正确评价自己，也能客观对待他人。

【案例阐述】

作为一名记者，王先生为了让儿子成为一个自信的男子汉，从教儿子开始说话时就很注意让儿子接触更多的东西，接触更多的人。儿子喃喃学语时王先生就开始教儿子背《三字经》、唐诗宋词、各类儿歌等，一有时间就带儿子走亲访友，每至一处，总有人逗他背背诗词，唱唱儿歌，儿子总是大大方方地连背带表演，赢得大家的赞赏，直至儿子上了大学，上台唱歌，发表讲话，主持节目，编写节目，以至与人交流，从未因害羞而误事。此外王先生还特别注重培养儿子的自主性，他常告诉儿子，赞许的确能使人高兴，产生进步，但也不能没有别人的赞许就忧心忡忡，闷闷不乐，就失去信心，关键是要相信自己，学会自己赞许自己。因为王先生深知，现实中往往把"好孩子"固定为"听话""不调皮""懂规矩""老实"等一种模式，其实，许多爱学习的学生自信心反而不高，他们主要依赖于"老师的肯定""规定的格式"。这种依赖于别人的赞许的人往往缺少独立思考，不敢自我发展，在高二孩子文理分科时，王先生只是说，首先你要考虑到你的兴趣，其次你还要考虑将来的就业问题，因为人总是要走向社会，另外你还要考虑你自己更擅长什么，然后他由儿子自己选择，儿子开始也拿不定主意，请教老师，咨询亲友，最后在这种左右摇摆下随大流选择了理科，在理科班学习了两个月的时间，发现自己所喜欢的、所擅长的是文科，转而学文，刚开始略显吃力，得不到老师的表杨，也没有同学的肯定，而儿子却坚信这是自己的所爱，坚持不懈，后来一直名列前茅，高考时直接考入了北京大学。王先生认为，虽然由于孩子的社会知识和生活经验不足，在自主选择时，难免出现偏差，但这种自主让儿子在将来的重大选择面前更加的理智，遇事更冷静。

相信大家也都知道伊索寓言中的这个小故事：父子二人赶驴到集市去，途中听人说："看那两个傻瓜，他们本可以舒舒服服地骑驴，却自己走路。"于是老头让儿子骑驴，自己走路。又遇到一些人说："这儿子不孝，让老子走路他骑驴。"当老头骑上驴让儿子牵着走时，又遇到人说："这老头身体也不错呀，让儿子在下面累着。"老头子只好让两人一起骑驴，没想到又碰到人，有人说："看看两个懒骨头，把可怜的驴快压趴下了。"老头子与儿子只好选择抬着驴走，没想到过桥时，驴一挣扎，坠落河中淹死了。所以要相信自己的选择，培养自信心，不要人云亦云。

【专家小贴士】

作为父亲，教孩子足以带来成就感的知识：古诗、数字、故事、家务、玩耍、交朋友等；同时，及时发现孩子的点滴进步，懂得赞美赏识孩子；更重要的是，引导孩子正确对待他人的赞许，当寻求别人的赞许而不得时，要相信自己，认识到自身的价值，这是培养孩子自信心的关键，同时，在选择过程中，又能培养孩子克服困难、战胜困难的顽强意志，形成遇事冷静、有主见的良好心理素质。

【误区小警示】

一个人是无法得到每一个人的认同或赞许，这则流传了2500多年的寓言，提醒父亲们必须学会有主见，也要培养孩子的自主精神，掌握自己的命运。

3. 树立理想，从小做起

【理论小提示】

在理想的最美好世界中，一切都是为最美好的目的而设。——伏尔泰

理想是人奋斗的目标，是人们对未来的憧憬向往与追求。孩子正处于启蒙阶段，结合孩子的特点，对孩子进行理想教育，有助于培养孩子从小树立理想的意识。

【案例阐述】

丹麦童话作家安徒生出生在富恩岛上一个叫奥赛登的小城镇上，那里有不少贵族和地主，而安徒生的父亲只是个穷鞋匠，母亲是个洗衣妇。贵族地主们怕降低了自己的身份，从不让自己的孩子和安徒生一起玩。安徒生的父亲对此非常气愤，但一点也没有在孩子面前表露，反而十分轻松地对安徒生说："孩子，别人不跟你玩，爸爸来陪你玩吧！一个伟大的人并非是物质生活的富足，而是精神世界丰富的人，你会成为一位伟大的人物。"

父亲亲自把安徒生简陋的房间布置得像一个小博物馆，墙上挂了许多图画和做装饰用的瓷器，橱窗柜上摆了一些玩具，书架上放满了书籍和歌谱，就是在门、玻璃上，也画了一幅风景画，父亲还常给安徒生讲《一千零一夜》中的故事，有时则给他念一段丹麦喜剧作家荷尔堡的剧本，或者英国莎士比亚的戏剧本，不管有多忙，都坚持不懈，直到安徒生能独立看书后还常常继续。

为了丰富安徒生的精神世界，父亲还鼓励安徒生到街头去看埋头工作的手艺人、弯腰曲背的老乞丐、坐着马车横冲直撞的贵族等人的生活，这些经历为安徒生以后写出《卖火柴的小女孩》、《丑小鸭》等童话故事打下了很好的基础。

安徒生就是在父亲这句"做一个精神世界丰富的人"的激励下，从小树立远大理想，不甘于平庸，终于成为一名伟大的作家。

【专家小贴士】

英国教育研究所研究发现，孩子小时候树立的理想与以后从事的职业有着密切的联系，安徒生的父亲从小就注意培养孩子伟大理想的意识，这种树立并非是一句口头要求，而是身体力行，积极地和孩子一起努力向着理想迈进，在孩子对理想的坚持中，首先是父亲的坚持。

【误区小警示】

如果父亲只是简单地帮助孩子树立心中的理想，而不和孩子一起实现，那么这个理想就会成为一纸空文，必将中途夭折。

第三节　培养正气　公平正义

1. 谁破坏了规则

【理论小提示】

规则是社会生活中必不可少的一部分，对于孩子的成长及其社会化具有重要的意义。而孩子就像初生的牛犊，还没有养成自觉、自律的规则意识。因此，孩子规则意识的培养是教育必行的责任，是促进孩子个性化发展的前提，是培养孩子良好生活与学习习惯的基础，是促进孩子社会化进程的必由之路。

【案例阐述】

露露的表哥刚刚到她家里做客，刚刚大她一岁多，讲粤语，这样彼此沟通就有障碍，加上刚刚来的少，不了解露露和弟弟鹏鹏形成的相处规则。露露和鹏鹏之间，如果争抢一个东西，先拿到的先玩，五分钟之后给另外一个孩子。他们自己学会了协调这些事情，一般不需要大人介入。时常会听他们说这是我先拿到的，我玩五分钟再给你。但是刚刚不懂得这些规则，再加上语言不通，也不好做他的工作，所以他想要什么，会直接到露露手里抢。

有一次，刚刚把露露的一大箱书拿出来倒在了客厅的地上，露露从中选了五本硬皮的书。刚刚大概也很喜欢，直接就过去抢，露露哭着去找爸爸，刚刚没抢到也跟着哭。露露的爸爸开始还和颜悦色地劝她给哥哥看看，但露露很坚决地拒绝了。爸爸把露露揽在怀里，问她：“咱把这几本书给刚刚哥哥好吗?”她说不好，因为这书是她先拿到的。爸爸觉得露露遵守了家里的规则，她没什么错。于是爸爸又换个说法：“露露，书是你先拿到的，不给也可以。刚刚哥哥一会儿就回家了，他很喜欢这几本书，你愿意给他看看吗？他不会带走的。”露露想了想，答应了，但只同意给他一本。爸爸这时就夸露露懂事，懂得把书让给哥哥，露露听了很高兴。于是主动把书递给了刚刚，刚刚也主动和露露和好，于是两个人又在一起开心地玩了起来。

【专家小贴士】

露露和鹏鹏已经有了公正平等的规则，父亲尊重了这个规则，又从人情方面告诉孩子，你要学会照顾别人，你就是更棒的了。孩子学会了公正公平，也学会了通过自己的权利照顾别人。我们不要破坏孩子本来已经创造的公正公平的环境，即使是特殊的情况，我们可以换一个角度去解决特殊问题。

【误区小警示】

随意不尊重孩子的规则，势必导致孩子觉得谁强势谁就占优势，公正公平已没有了依据。

2. 敢说心里话

【理论小提示】

每一个人的谎言都会有一些无奈，都是一种动机的体现。当孩子做错了事时，首先对他承认错误的诚实表示肯定。孩子们最担心因为他们的错误行为而失去父母的爱，所以要特别注意鼓励他们养成主动承认错误的好习惯。此外，慎用批评，不管是不是孩子的错，如果你想要孩子把发生的事告诉你，攻击和批评可不是办法。此外，不要过早地下结论，要等待他把事情全部说完。听完了他的故事，更重要的是诱使他们自己思考问题的答案或者解决办法。

【案例阐述】

（一）

华盛顿小时候，父亲送给他一把小斧头。小斧头不仅是崭新的，而且小巧锋利。他想：父亲的大斧头能砍倒大树，我的小斧头能不能砍倒小树呢？我要试一试。华盛顿高兴地跑到一棵樱桃树前，举起小斧头砍去，只听“咯嚓”一声，小树成了两截，躺倒在地上。

一会儿，父亲回来了，看到心爱的樱桃树倒在地上，很生气。他回头问华盛顿：“是谁砍倒了我的树?”

华盛顿这才明白自己闯了祸，心想：今天准得挨爸爸揍啦！可他从来不说谎，就对父亲说：“爸爸！是我砍倒了您的樱桃树。我想试一试小斧头快不快。”

父亲听了华盛顿的话，不仅没有打他，还一下把他抱起来，高兴地说：“我的好儿子，爸爸宁愿损失一千株樱桃树，也不愿你说一句谎话。爸爸原谅诚实的孩子。不过，以后再也不能随便砍树了。”

（二）

有一次，爸爸下班回家，发现晨晨把自己的收音机大卸八块。这是晨晨爸爸最心爱的东西，是他大学毕业那年学校班主任送给他的，现在虽然有点小故障但还能用。但此时被晨晨弄得七零八碎，恐怕全尸也保不住。晨晨主动承认说："爸爸，我想看看为什么音量调不大，可就是安不上了，我不是故意的！"没等孩子说完，爸爸就吼道："你就是瞎鼓捣，你以后再乱拆东西，看看爸爸不揍你！"

事隔几天，晨晨不小心把电视遥控器摔坏，他想起上次挨骂的经历，当爸爸问起怎么回事时，他说："昨天同学来家里写作业不小心摔了一下。"爸爸信以为真，也没说什么，事情就这样过去了。但晨晨尝到了说谎话的甜头。

（三）

有一位美国儿童心理学家说过，如果你的孩子不小心把牛奶打翻了，这个时候你问孩子，这个牛奶是你打翻的吗？就给孩子提供了一个撒谎的机会，孩子不想被责罚，他说不是他打翻的，如果家长换一种方式说，牛奶打翻了，咱们一起打扫吧，这样就会减少孩子说谎的机会。家长要让孩子知道，他说谎的小把戏你内心是知道的，只是你没有跟他计较，反而跟他一起去弥补他的过错，孩子的心理压力就不会那么大了。因为孩子的年龄太小，在应付困难，或者焦虑，或者是外来的压力的时候，没有很好的方法应对，这个时候他可能通过说谎的方式让内心达到一种比较安慰，或者比较平和的状态，而且为了家长表扬他或者重视他，会用一些手段或者充满敌意的方法让父母关注他。通过多种方式来得到父母的注意，那么我们会说，任何一个孩子在这种不被家长所认可的行为的背后，其实都有他内在的心理动机，因此对于孩子说谎的情况，家长应该关注，鼓励孩子说出自己真正的想法，加强家长和孩子的沟通。

【专家小贴士】

一个孩子内心阳光般的坦荡踏实，离不开父亲的宽容，给孩子一个敢说真话的环境，敢承认自己错误的环境，一颗正直的种子就播在孩子的心间。要想多了解孩子的真实想法，就要多创造对他们没有压力、和你一起活动的机会。当你真的需要问问题的时候，也要少用“为什么”，这个词往往会激发他们的逆反心理。

【误区小警示】

还记得《皇帝的新装》里那个敢于说出“他什么也没有穿”的孩子吗？童言无忌，可敬的父亲们要用宽容的形象好好呵护孩子无忌正直的心。此外，千万别用体罚或威吓的手段来逼孩子说他不愿说的话，如果孩子不说，只能说明爸爸的沟通技巧不够。其实，家长可以“既往不咎”的，隔几天以后，在孩子的心理防线减低的时候再来问孩子，这样的效果会更好。

3. 公平的游戏

【理论小提示】

陈望道说过：儿童的生活，是游戏的生活；儿童的世界，是游戏的世界。

“纸牌”“投球”等竞技性的游戏逐渐被稍大的孩子所喜欢，在游戏中让孩子体会乐趣，更是孩子学会公平竞争，团结协作的好机会。

【案例阐述】

父亲难得有时间和儿子玩游戏，今天准备和儿子玩纸牌，“孩子，你先挑牌吧，剩下的是爸爸的!”，孩子如父亲所希望的玩得甚是尽兴。以后凡是玩纸牌，孩子总是要自己先挑牌。

父亲和孩子一起玩纸牌玩着玩着孩子就要输了，只见孩子把剩下的牌一放，吵道：“不玩了，爸爸要赢了，应该我赢，爸爸不好，重玩……”，见此情景，父亲连忙说：“好，好，重玩!”

【专家小贴士】

游戏是孩子生活的一部分。对于进入学前的儿童来说，游戏是他们生活重要的一部分。在游戏中，从遵守游戏规则不要赖开始，爸爸应该以平等的态度来对待宝宝，在游戏中和宝宝结成平等的玩伴关系，培养孩子稳定的人格和高尚的品质，这是爸爸在游戏中的责任，并要让孩子接受游戏结果。在与父亲游戏中孩子要体会到生活是有规则的，每一个参与的人都是平等的，输赢也是不能重来的。

【误区小警示】

案例中的爸爸是在给孩子两个信息：生活中唯你优先，规则就是你的意愿。长此以往不去正确引导，孩子步入学校，和其他小伙伴合作竞争时，必然会很难适应。

4. 不完美世界

【理论小提示】

柏拉图认为世界是不完美的，人类所认识的世界之上还有一个“理念的世界”，而“理念的世界”是完美的。告诉孩子：世界本来就不完美，公平永远是相对的。你会得益于它的完美，你也受惠于它的不完美；你会因它的公平而受挫，也会因它的不公平而烦恼。

【案例阐述】

爸爸每次带女儿经过天桥去肯德基吃汉堡时，都会一边给女儿讲：“宝贝，我们今天少喝一杯果汁，用钱去帮助那个姐姐，好不好?”等女儿点点头说“好的”后，爸爸就会把两三块钱给天桥上乞讨的小朋友。有一次，爸爸没看见角落里瑟缩的小乞丐，女儿就提醒爸爸：“爸爸，今天这杯果汁也要送给那个小朋友，他可能好久没喝了！”在女儿小小的心灵里已有了善良同情的种子。可今天，女儿却目睹了小乞丐被一个年轻人打骂的情景。女儿在一边快掉泪了：“爸爸，那个叔叔说他在骗钱，还打他，乞丐说他没有了父母，这是怎么回事呀！”爸爸和周围的人急忙上前制止了年轻人的行为，年轻人骂骂咧咧地走开了。爸爸抱起女儿说：“那个叔叔欺负小朋友，我们可以帮助小朋友，是那个叔叔做得不对。”

【专家小贴士】

当我们向孩子传达“我们都要遵守交通规则，要帮助需要帮助的人”时，我们也要向孩子解释“有的人为什么闯红灯，后果是什么；为什么富人很有钱，却让穷人干重活而给很少的钱；为什么有些人不给小乞丐钱……”，生活中不仅有美和善，也有丑和恶，这就像每一个人有优点和缺点一样。但我们应该坚持对的，改变错的。

【误区小警示】

如果我们一味地告诉孩子世界很美好，当不良现象出现在孩子身边时，特别是影响了孩子时，孩子可能会怀疑我们对于美善的教育，从而陷入困惑，甚至产生极端的理解。

第四节 培养激情 积极向上

生命的全部的意义在于无穷地探索尚未知道的东西。 ——左拉

据最新的心理学研究表明：做事要有激情，才不会疲倦。

1. 激情胜过才智：发掘孩子的兴趣和激情

【理论小提示】

李开复说过：如果一件事情你有兴趣，你就会整天在想，吃饭、睡觉、洗澡，都会想，你就会觉得那就是天赋，如果你不知道自己的兴趣是什么，那就要多尝试。

如果你找到了兴趣，你就会有激情。

【案例阐述】

(一)

著名画家达·芬奇的父亲彼特罗是一位令人称道的好父亲，他培养孩子的信条就是：给孩子最大的自由，让孩子发展自己的兴趣。

6 岁那年，达·芬奇上学了，在学校里学了很多知识，但对绘画最感兴趣。一天，他上课不专心听讲，还给老师画了一幅速写。回家后，达·芬奇把速写给父亲看，父亲不仅没有生气，反而夸奖他画得很好，决定培养他在这方面的才华。

正是因为父亲如此开明，达·芬奇全身心投入到自己喜爱的绘画中，甚至敢专门画画恐吓老爸。一次，他花了一个月时间，在盾牌上画了一个两眼冒火、鼻孔生烟、看起来十分可怕的女妖头。为了把父亲吓一跳，他还关紧窗户，只让一缕光线照到女妖头的脸上。后来，父亲一进家就被盾牌上的画吓坏了，可是等达·芬奇哈哈大笑地解释完，他竟然也没有责备儿子。

16 岁那年，父亲把达·芬奇带到画家维罗奇奥那里学画画。在维罗奇奥的指导下，达·芬奇刻苦学习，掌握了很多绘画技巧，终于成为一代大画家。

(二)

王先生家虽然贫穷，几乎不给儿子买玩具。但其姑、姨、舅喜其活泼可爱，所以小玩具也不少。什么小汽车、小火车、冲锋枪、变形金刚……但不管什么玩具到了这小子手里，能完整过三天的极少。

因为这小子玩上一天，就会对玩具的内部结构更感兴趣，可能是想弄清楚玩具为什么会动，火车为什么能跑。常常是将玩具拆开，守着一堆零件，左瞅右看，对来对去，原来的玩具已经面目全非。而小子却拿着一堆零件，玩得高兴，他妈妈喊他吃饭他也置之不理。对此事王先生从不干涉，任其自然发展。

就这样，孩子在这方面的胆量越来越大，王先生的手表、家里的马蹄表、游戏机、水龙头、照相机、无所不拆，就差把电视机拆了。到十三四岁，连焊接之类的事也能干了。游戏机的焊点坏了，自己焊；水龙头坏了，王先生不修，让他修；电器出了问题，王先生在旁边看着他修。渐渐地，孩子掌握了不少生活日用修理技术。

过了一年，为了让他尽快掌握电脑，王先生拿出家里很大一部分积蓄，购置了一台电脑，用了没三天，电脑死活不动了。王先生问孩子原因。孩子什么也不说。只好抱着主机去修理部，修理部的人一检查，原来是硬盘全部格式化了，他们也不明白硬盘怎么会全部格式化。只好重装了。孩子在旁边目不转睛地看着，整整看了三个小时。此后，王先生家的电脑又坏了三次，又修了三次，每次王先生都让儿子去修。再后来，王先生家的电脑就不再找人修了。可以说，王先生家的电脑没被儿子拆二百次，也有一百八十回了。

如今，王先生的儿子已是小区和学校小有名气的电脑高手了。

【专家小贴士】

兴趣是无敌强力武器，能够攻克人生最难的障碍。发现并调动每个人身上潜藏的激情，父亲如何保护孩子的兴趣并把这个兴趣引导到人生奋斗的正确道路与方向上去，这是教育的根本目的。你准备好帮助你的孩子发现他们的兴趣，并帮着培养这份兴趣了吗（不管它会把人引领到何处）？

【误区小警示】

完全否定孩子所谓的“不务正业”的爱好，要么孩子更加叛逆，走入歧途；要么丧失激情，平庸一生。

2. 学会肯定

【理论小提示】

凡是有点干劲的，有点能力的，他总是相信自己，是有点主见的人。越有主见的人，越有自信。

——邓小平

孩子都需要从心理上不断地自我肯定来获取前进所必不可少的原动力。而对一个孩子来说，要摆脱自卑的阴影，并树立自尊和自信，自我肯定无疑更为重要。

【案例阐述】

（一）

姚宁是比较优秀的孩子，学习中等，没有不良习惯，若说缺点的话就是一根筋，但最近孩子学习成绩直线下降，出现严重厌学心理，每天都是一副无精打采的样子。他爸爸说：“唉，这孩子在我眼里不是没有优点，但我就是不想夸他，也不知道如何夸他。上次，让他做一件事，他答应得好好的，但催了两次也没有办好，从此以后，我就对他很失望。我就对他说过‘你做的什么在我眼里也不值得我肯定，你也别想让我表扬你什么’，后来我们父子关系一直不太好，我也没怎么放在心上。直到现在看他期中考试成绩一团糟，老师也说他蔫得很，我才意识到可能是我有些地方做的不对!”姚宁的爸爸一脸的无奈与惭愧。

（二）

当女儿考试成绩没有达到预期值时，我们总会表面上装得很不在乎，跟她说些我们曾经尚不如她的失败经历，哪怕是些从未发生过的事；当女儿因为一次漫不经心的失误而痛悔不已时，我们会告诉她失误并不要紧；当女儿跻身年级组前三名时，我们会告诉她“悠着点儿”，就像田径比赛一样，跟在第一名的后面没有什么不好，不要非争什么第一。尽管如此，我们父母仍然需要通过鼓励和沟通让孩子保持一种败不馁胜不骄的状态。

【专家小贴士】

“初生牛犊不怕虎”，怕得是“你不行、你真笨”！孩子之所以积极做事，无非兴趣使然或希望得到夸奖表扬，我们理性的肯定就是孩子保持一颗积极向上的心的动力。可敬的父亲们，请不要吝啬我们应该属于孩子的赞美的言辞，赞许的目光，你的这种爱是孩子热爱生活、积极努力的助力。

【误区小警示】

在否定与批判中，孩子更多形成的是懈怠、悲观、冷漠的性情。而鼓励孩子多作自我肯定，并不意味着应该让他“滥用”自我肯定。不要鼓励孩子在任何时候、任何情况下都使用自我肯定。自我肯定也应有个度，既要分时间、场合，更要有一定的原则、标准和尺度。再好的良药也不能下得过猛——孩子的自我肯定用过了头，那就可能变成了一个自负甚至惟我独尊的小霸王。

3. 乐观给人胆和力

【理论小提示】

生活，就应当努力使之美好起来。——托尔斯泰

比起成功，乐观对孩子来说更具有意义、更具有价值，很多研究表明，乐观的孩子，更容易成功，更有创造力，更容易有幸福的生活，我们传统上追求的财富成功，都可以通过乐观获得。倡导用科学、理性的积极心理学方法来教育孩子。

——清华大学心理学系主任、美国加州大学伯克利分校心理学系终身教授彭凯平

【案例阐述】

迪翁是美国著名的潜能开发大师。他富有激情，极具感染力，他的课程也非常受欢迎，他总是能够调动起人们的积极性和自我开发潜能，他经常应邀到世界各地去巡回演讲。

迪翁常常用一句话来激励人们进行积极思考："任何一个苦难与问题的背后，都有一个更大的幸福！"这是他的招牌话，由于时常将这句话挂在嘴上，连他唯一的女儿，在很小的时候都可以附和他这句话。

那一天，不幸突然降临，迪翁正准备在韩国的一场演讲，忽然收到一封来自美国的紧急电报：他的女儿发生了一场意外，已经送医院进行紧急手术，有可能切除小腿！一听到他的掌上明珠出了这样大的事故，迪翁痛心不已，心情烦乱地无法继续进行课程，于是，他火速地赶回美国。

当看到躺在病床上一双小腿已经被切除的女儿时，迪翁心如刀绞，他的情绪一下子沉入万丈深渊。这是他头一次发现自己的口才完全不见了，笨拙得不知如何来安慰这个热爱运动、充满活力的天使！

然而他的女儿似乎没有因此而影响好心情，她察觉父亲的痛苦，就笑着告诉他："爸爸！你不是常说，任何一个苦难与问题的背后，都有一个更大的幸福吗？不要难过呀！这或许就是上帝给我的另一个幸福。"迪翁无奈又激动地说："可是！你的脚……"

小女儿非常懂事地说："爸爸放心，脚不行，我还有手可以用呀！"

听了这样的话，迪翁虽有几分心酸，可也欣慰不已。

装上假肢后的女儿已经无法跑步，只能缓步走路。可是两年后，小女孩升入中学了，她再度入选垒球队，成为该队有史以来最厉害的全垒打王！因为她的腿不能走路，就每天勤练打击，强化肌肉。她很清楚，如果不打全垒打，即使是深远的安打，都不见得可以安全上垒。所以唯一的把握，就是将球猛力击出底线之外！

【专家小贴士】

这是一个乐观积极的小女孩，在最艰难的时刻，她留给人们的依然是微笑，因为她父亲的那句话已经深深地印在她的大脑里，她相信“任何一个苦难与问题的背后，都有一个更大的幸福”，于是，灾难变得不再可怕，而她本人也更有能力面对那场艰难的挑战。

也许有些孩子天生就比较乐观，有些孩子则相反。但心理学家发现乐观思想是可以培养的，即使孩子天生不具备乐观品质，也可以通过后天的努力来实现。要培养孩子乐观的品质，父母首先必须有乐观的思维方式。如同迪翁一样，因为他的乐观，才造就了女儿的乐观，因为他的积极才培养了女儿的积极。在孩子的成长过程中，她一直在看着父母，如果父母在处理自身问题和家庭问题时持乐观态度，那么孩子通过观察和模仿就会逐渐养成乐观品质。

要经常引导孩子完成力所能及的任务，使其体验成功的欢乐。对于一个人来说，能够产生愉悦的情绪，莫过于完成任务的满足感和自豪感了，因此，作为父母，要让孩子在完成学习、劳动任务中，或在游戏活动中体验到成功的愉快心情。但孩子一旦有了不愉快的事情，家长要设法尽快消除其不良情绪，恢复其愉快的心境，让孩子更积极乐观地投入到生活中去。

【误区小警示】

大多数父母更关注提升孩子的自信自尊，这听起来没什么坏处，但仅重视孩子的感受而忽略孩子的所作所为，不但不能使孩子乐观起来，反而会使孩子更容易抑郁。

第三章　身心融合，敢于实践

家长既要负责孩子身体的发育，又要负责孩子心理的发育；既要重视孩子智力的开发，又要重视孩子各方面能力的培养；既要教会孩子怎样学会知识，又要教会孩子怎样做人。

——杨振武

孩子健康心理的培养比对孩子身体的关心更为重要，孩子只有具备了健康的心理，才能挑战未来，走向成功。

——布鲁尔·卡特

第一节　善于想问题

【理论小提示】

“学而不思则罔”。独立思考的品质在人的一生中占据着重要的位置，如果孩子具有独立思考的能力，就会善于发现问题，能够通过思考、分析找答案，才会取得好的学习成绩，而孩子长大后，因为有独立思考的品质和习惯，他的视野就会比别人宽广，思维也会更加缜密。因此，具有独立思考能力的人，就会获得比别人更多的机会，更容易成功。

【案例阐述】

伽利略5岁开始学习绘画。为了让伽利略更好地掌握基本的绘画技法，父亲找来许多几何图形的物体。伽利略不仅绘画技艺突飞猛进，而且对这些几何图形也产生了浓厚的兴趣。

伽利略问父亲："爸爸，这些几何图形到底有什么用呢？"

"为什么这样问呢？"父亲一时弄不清伽利略在想什么。

"我觉得挺奇怪的。画画的时候，我发现好多东西，比如房子、马车、书桌什么的，好像都与几何图形有关。"

"有关？怎么有关？"

"嗯，它们都是各种几何图形组成的，可似乎没这么简单。只是我想来想去也想不明白，除了这个，它们还能有什么复杂的关系呢？"

"伽利略，你的问题我无法回答。"想了想，父亲问道，"不过，你愿意学习数学吗？也许你学了数学，就能明白你说的这种复杂关系了。"

"真的？"伽利略乐得蹦了起来，高声叫道："我愿意，当然，我愿意！"

从那以后，父亲开始教伽利略学习数学。虽然一般人认为数学枯燥无味，可伽利略的兴趣却非常高。他常常为了寻求一道数学题的解法而绞尽脑汁，废寝忘食。他似乎随时都在思考，随时都准备思考，逐渐养成了习惯，而这种习惯，对他以后的科学研究大有裨益。

伽利略 7 岁的时候，在音乐、绘画、数学方面都已经小有造诣。他做任何事情，都不只是简单地模仿，而总是问个"为什么"，常常能够举一反三。

这时候，伽利略已经有了两个妹妹，照顾妹妹们要花去他很多精力，占据了他思考问题的时间，因此他一直在想办法解决这个问题。一次全家去看木偶戏，他发现妹妹们对木偶十分着迷，于是他决定自己给妹妹们做一些木偶，这样，在她们玩儿木偶的时候，他就可以有更多的时间做自己的事了。

他极力回想着木偶戏中木偶的样子，琢磨着怎么能够使那些木偶运动起来。花了三天三夜时间，他终于做出了第一个木偶。果然，两个妹妹欢呼雀跃，立刻就被这个新玩具吸引了。伽利略却并不怎么高兴，因为这个木偶动起来很僵硬，只能做一些简单的动作。有什么地方不对呢？他又开始琢磨了。

"你看看我是怎么走路的，伽利略。"父亲有意启发他。

伽利略看着父亲在客厅里走了两个来回，突然间恍然大悟："我知道了，人有关节！”

他一把从妹妹手中夺过木偶，立刻动手进行改进。再试试，哈，成功了！

伽利略对身边的一切都感到好奇，尤其对天空中的现象感到不可理解，常常想，白天月亮星星都到哪儿去了？为什么天一黑，月亮星星就亮了？为什么有时候月亮是圆圆的，有时候却是弯弯的？他希望从书中找到答案，可是书中也没有。他决定通过自己的观察来寻找这些问题的答案。

晚上，趁家人都睡着的时候，伽利略悄悄溜出家门，坐在地上，抬头仰望苍穹。周围静极了，他仰得脖子都酸了，望得眼睛都疼了，也还是什么都没发现。一连几天，伽利略白天黑夜地仰望天空，晚上就算冻得瑟瑟发抖，也不肯进屋睡觉。第五天夜里，他终于抵不住困意，坐在门口睡着了。父亲这才发现了伽利略的秘密。

几天的观察使他明白，光靠好奇心和肉眼的观察，除了能看到天空的一些小变化外，根本不可能破解天空的奥秘。如果能够像小鸟那样飞上天，近距离地看一看月亮和星星，不就什么都解决了吗？

伽利略问父亲："小鸟为什么能够在天上飞来飞去，而人只能在地上走呢？"

"你认为呢？"对伽利略的问题，父亲常常提出反问。这样的一问一答，总是能让伽利略一步一步地深入思考，从而自己找到一些答案，尽管这些答案不一定都正确。

伽利略沉思着说："我想，那是因为所有的鸟都有翅膀，而人没有。"

伽利略决定给自己安上翅膀，飞上天去探索天空的秘密。他做了一对巨大的翅膀绑在两只胳膊上，使劲地挥动胳膊，可是怎么也飞不起来。他又爬上窗台，纵身往下一跳，一边使劲挥舞翅膀，可是他还是没有飞起来，反而重重地摔在了地上。

父亲扶起伽利略，语重心长地说："孩子，光有奇思妙想，没有知识做根基，就只能是不切实际的幻想。"

【专家小贴士】

爱提问题是许多小孩子的天性，对于年幼的孩子，父母大都能够轻松地回答他们提出的问题，但是，随着孩子知识的积累，思维方式的变化，难免会提出一些父母知识水平之外的问题。这个时候，父母很可能不能给出一个准确的答案，但一定要鼓励孩子独立思考，引导他们自己去寻找答案，即使他们通过自己思考得到的答案是错误的。孩子们的思考也许还不够成熟，但是他们的思考无疑却是新颖的、有创造性的。对他们来说，在独立思考和决定中的不断尝试，可以培养他们成就人生所需具备的各种品质。伽利略的父亲正是用这样的方法，指引着孩子成长的方向。

爱因斯坦曾说："学会独立思考和独立判断比获得知识更重要。不下决心培养思考习惯的人，便失去了生活的最大乐趣。"针对孩子提出的问题，家长一般存在两个误区，一个是大包大揽，所有问题都给出明确的答案，从来不注意引导孩子自己去思考；另一个误区是不闻不问，对孩子的问题不予理睬，或认为太浅薄无知，或认为孩子长大后自会明白。可见，孩子不去独立思考，原因不是他们缺乏独立思考的能力，而是父母的过分关心或忽视扼杀了他们独立思考的冲动和积极性。爱因斯坦面对邻家孩子的提问，总是稍加启发，然后说："我给你指个方向，不过，答案还得用你的头脑去找！"因此，父母要注意培养孩子爱思考的习惯，孩子有了疑问，更多地给予积极的引导，给孩子创造一个思考的空间。

培养孩子的独立思考能力，家长可以注意做到以下几个方面：1. 孩子遇到问题，鼓励孩子去独立思考；2. 在生活中遇到新鲜事物多问问孩子为什么；3. 给孩子创造一个独立的生活和思考空间；4. 家长要学会克制自身的急躁情绪，培养家庭民主讨论的气氛。

【误区小警示】

现在很多家长习惯于给孩子指路，事事替孩子包办，孩子学习上有什么问题、平时动手活动遇到什么困难，都急于直接告诉孩子答案，这样，大人无形中就剥夺了孩子独立思考的权利，让孩子养成了依赖家长的习惯。另外，现在的孩子，生活中充斥着各种高科技的电子产品，比如：智能手机、电脑、洗衣机、自动做饭机等等，这些高科技产品在带给孩子快乐的同时，也在一点一滴地掠夺着孩子们独立思考的权利。所以，家长应该客观对待这些高科技产品，有选择地使用，尽量让孩子学会自己动手、动脑。

第二节 谨慎讲实话

【理论小提示】

“良言一句三冬暖，恶语伤人六月寒。”语言是人与人之间进行沟通和交流的重要工具，有艺术地使用语言能够创造和谐的交流氛围和良好的人际关系；有艺术地使用语言，也是一个人智慧的体现，幽默的人一般都是比较有智慧的人；有艺术地使用语言，也是一个人内心修养的体现，有修养的人一般是不会用语言去伤害他人的。因此，养成良好的语言使用习惯，对一个人的成长有着至关重要的作用。但是，古语有“忠言逆耳利于行”。虽然有些时候说实话对他人有帮助，但是实话往往也会让他人感到尴尬，甚至受到伤害。所以，作为家长，我们要指导孩子艺术地讲实话。

【案例阐述】

情景1：节日里，妈妈带孩子去参加朋友聚会，看到精心打扮的同事，妈妈对儿子说：“跟阿姨打招呼，你看阿姨多漂亮啊！”可是没想到，儿子却大声说：“妈妈，他脸上有好多痘痘，一点也不漂亮！”同事一听，涨红了脸，妈妈也尴尬地不知说什么好。

情景2：儿子6岁生日的那天下午，我陪儿子去蛋糕房买蛋糕。蛋糕房碰巧儿是儿子幼儿园同学家开的。因为接送的时候经常见面，老板娘一下子就认出了我儿子。在等蛋糕的时候，她高兴地拉着儿子进去聊天。我在外面透过玻璃看到他们有说有笑，老板娘还拿了两块小点心给儿子吃。没多大会儿，我突然看到原本情绪很好的老板娘脸色突然变得很不高兴，我想坏事了，儿子肯定说了不该说的话。老板娘不再理会儿子，转身走开了，一直到我们拿着蛋糕出门也没再露面。

回家的路上我问儿子："你和阿姨在里面聊些什么？我怎么感觉阿姨不高兴了？"

"阿姨问我我们班谁是大笨蛋，我说是刘小丁和马力。"儿子回答。

我立即得到了答案：马力就是蛋糕房的小主人，儿子对他妈妈说他是大笨蛋，人家肯定不高兴。我当时就训了他一顿，回到家吃饭时妈妈也批评他不该那样说。

儿子委屈地哭起来："你们两个都欺负我，马力本来就是大笨蛋，全班的小朋友都这么说，不信你去我们班问一问，老师问什么问题他都不会。她妈妈问我，我为什么不能说？你们不是说不能撒谎吗？"

我和他妈妈都愣住了，到底儿子讲实话对不对？该怎么向他解释呢？

【专家小贴士】

在上面的两个情境中，孩子说出来的话都是他们内心真实的想法，没有经过任何修饰就说出了。有时候孩子不是故意让别人难堪或者故意伤害别人，而是他们还没有懂得怎么照顾他人的面子，怎么换位思考。孩子天真无邪的语言有时会让成年人感到无所适从，因此，我们作为家长，既要理解孩子这种单纯的心境，同时也要有的放矢地教给孩子说话的艺术。

教会孩子谨慎讲实话，不仅可以让孩子学会说话的艺术，更重要的是能够培养孩子尊重他人的素养。但是孩子的年龄小，社会阅历少，思维比较单纯，很少能考虑全面。所以家长要在平时的一点一滴中引导孩子，告诉孩子哪些语言会让听者更容易接受，怎么表达能够比直白语言更有效果。这是一个很漫长的过程，家长首先要做好榜样，在生活中多从正面讨论问题，孩子能耳濡目染地在他们的人生观中形成良好的观念，养成正面角度看问题的思维习惯，使他们的内心充满正能量。另外，在遇到具体场景时，家长要学会化解问题，通过自己机智幽默的语言缓和尴尬的情境，给当事人一个台阶，也不要当众批评孩子，而是找一个私密的空间认真地告诉孩子应该怎么讲话，让他思考如果自己被别人的语言伤害的时候是什么心情，或者可以找到合适的机会，故意让孩子感受一下直截了当的实话给人的感受。这样孩子才会有亲身的体验，才能学会换位思考。

【误区小警示】

教会孩子谨慎讲实话，不是教孩子说假话。孩子的成长需要家长正确的引导和长期的培养，因此，家长既不能急于求成，也不能放任不管，更不能引导错误。

第三节　为人要诚信

【理论小提示】

人而无信，不知其可也。——孔子

坦白，是诚实和勇敢的产物。——马克

【案例阐述】

美国《芝加哥快报》的编辑总监道格拉斯先生在女儿琼妮小的时候多次和她探讨什么是人最宝贵的品质。琼妮5岁的一天，她把幼儿园里的拼图游戏板偷偷带回家，道格拉斯发现后，问女儿游戏板的来历，女儿撒谎了，一再追问，才知道真相，便让她把玩具送回幼儿园，并当面向老师道歉。回家后，让她选择惩罚方式：一是一个星期内不能吃冰激凌，二是取消周日下午在中央公园的滑草游戏和野餐，三是在屁股上狠揍两巴掌。最后，女儿决定接受第三种惩罚。

于是，道格拉斯给前妻芭芭拉打电话，请她回来当“监刑官”。说到“监刑官”，道格拉斯说那是他与琼妮一起看的电影《勇敢的心》里面的一个角色，当华莱士走上行刑架时，行刑官在一旁高喊：“请这位绅士体面地接受肉刑。”道格拉斯提醒女儿注意这个细节并且进行了探讨——因为过错我愿意接受惩罚，但任何人不能剥夺我的尊严，我有权选择至少一位目击者证实惩罚的过程是否伤害到了我的尊严。这次小琼妮因为撒谎而挨了两巴掌会不会伤害到她的尊严，必须有“监刑官”证实。

一个星期后的一天，道格拉斯因为工作一直忙到凌晨，早晨起床晚了，误了送琼妮赶幼儿园的班车。他开车送女儿到幼儿园的时候已经迟到了。园长问琼妮为什么迟到，道格拉斯随便找了个借口，但琼妮却说是因为爸爸贪睡。道格拉斯非常尴尬，但还是向园长作了解释，并对女儿道了歉。

女儿说：“我接受你的道歉，但是你因为撒谎也必须接受惩罚。你现在有两个惩罚方式可以选择：一是取消本周末与朋友的约会，二是接受肉刑。”

道格拉斯说：“芭芭拉出差去了，没人当‘监刑官’。”

这时，幼儿园园长出面了，说她愿意出任本次肉刑的“监刑官”。道格拉斯向他的女儿——一个年仅5岁的美国女公民撅起了屁股……

【专家小贴士】

作为父亲，我们都希望孩子从小养成讲实话的好品格，我们或通过故事谆谆教导，告诉孩子诚实的可贵之处，或制订规则并以身作则，警示孩子撒谎就要付出代价。这些无疑都是值得提倡和弘扬的，我们有责任在孩子幼小的心灵里播下诚实品格的种子。但从另一个侧面我们也看到，在社会交往中，诚实有时候也会置我们于不利之地，比如故事中女儿的实话让父亲在幼儿园园长面前尴尬难堪，这似乎说明，有时候讲实话也要付出代价。因此讲实话也需要谨慎，需要一个度，这不是虚伪，不是不负责任，这是社会交际的要求，更确切地说，这是成人社会的要求，但这不能成为我们不教育孩子大胆讲实话的借口。至于讲实话的度，需要孩子在成长的过程中慢慢体会与把握。

诚实绝对是人类应该具备的最重要的优良品格之一，我们应该义无反顾地培养孩子的这种品格。但在社会交往中，诚实不一定就绝对是好事，有时候讲实话会冒犯他人，因此，维持、增进彼此的关系有时候也需要一些善意的谎言。这就出现了一个悖论：我们一方面要求孩子讲实话，另一方面又要求孩子不要冒犯他人。对孩子来说，这无疑是难以理解和接受的，因此开始时很多孩子可能都无法协调这两相冲突的要求，家长必须有足够的耐心，像给撒谎的孩子纠正自我的机会一样，给那些经常因为讲实话而冒犯他人的孩子机会纠正自我。我们必须给他们时间去理解社会经纬的微妙、隐私的价值和人与人之间保持适当界限的重要性。所幸的是，随着时间的推移，孩子们一般都能够对此掌握到一定程度。

【误区小警示】

诚实是一个人的良好品质，我们在培养孩子诚实、勇于讲实话的过程中一定不能采用苛刻的办法和手段，一定要结合孩子的性格特点有效引导孩子认识到诚实的美丽和高贵，认识到虚伪的丑陋和低下，让孩子从内心真正体会到诚实的魅力，给孩子的未来铺垫一个坚实的基础。

第四节　踏实做小事

【理论小提示】

古往今来，能成就事业，对人类有作为的，无一不是脚踏实地攀登的结果。

——钱三强

台阶是一层一层筑起的，目前的现实是未来理想的基础。只想将来，不从近处现实着手，就没有基础，就会流于幻想。——徐特立

【案例阐述】

（一）

晋代书法家王献之自小跟父亲王羲之学写字。有一次，他要父亲传授习字的秘诀，王羲之没有正面回答，而是指着院里的十八口水缸说：“秘诀就在这些水

缸中，你把这些水缸中的水写完就知道了。”

王献之心中不服，认为自己人虽小，字已经写得很不错了，下决心再练基本功，在父亲面前显示一下。他天天模仿父亲的字体，练习横、竖、点、撇、捺，足足练习了两年，才把自己写的字给父亲看。父亲笑而不语，母亲在一旁说：“有点像铁划了。”王献之又练了两年各种各样的钩，然后给父亲看，父亲还是不言不语，母亲说：“有点像银钩了。”

王献之这才开始练完整的字，又足足练了四年，才把写的字捧给父亲看。王羲之看后，在儿子写的“大”字下面加了一点，成了“太”字，因为他嫌儿子写的“大”字架势上紧下松。母亲看了王献之写的字，叹了口气说：“我儿练字三千日，只有这一点是像你父亲写的！”王献之听了，这才彻底服了。从此，他更加下工夫练习写字了。

王羲之看到儿子用功练字，心里非常高兴。一天，他悄悄地走到儿子的身后，猛地拔他执握在手中的笔，没有拔动，于是他赞扬了儿子说：“此儿后当复有大名。”王羲之知道儿子写字时有了手劲，这才开始悉心培养他。

后来，王献之真的写完了这十八缸中的水，与他的父亲一样，成了著名的书法家。

（二）

在大海边上，坐着两个垂钓者，一位老人、一位年轻人，年轻人是老人的儿子。

最近一段时间，儿子在跟父亲学习钓鱼。每天，从迎来早上的第一缕阳光开始，到送走傍晚的最后一片晚霞，两个人一直坐在那里。所不同的是，老人忙忙碌碌不停地下钩、起竿，然后将钓上来的小鱼摘下放进身边的水桶里，而年轻人却安安静静，偶尔提起鱼竿，也只是空空的，没有一条鱼。原来，老人用的是小钩，很快就能钓上一条条小鱼，年轻人用的却是大钩，他一心只想钓大鱼，而且他认为只有钓到大鱼才算是真正的钓鱼，他对那些小鱼不屑一顾，也对父亲的钓鱼方法持有偏见。

夕阳快落山的时候，老人拎起沉甸甸的水桶满载而归，而年轻人却还在那里盼望着大鱼的出现。一连几天都是这样。

年轻人终于忍耐不住了，问父亲："为什么总是钓小鱼呢？钓到大鱼那才叫有收获呢。"

老人没有说太多的话，只是对儿子说："小鱼都不上你的钩，何况是大鱼呢？"

年轻人似乎明白了，于是换上了小鱼钩，坐在老人的身旁，认真地向父亲学习钓小鱼的基本技巧。原来，即使是钓很小的鱼也有很多窍门和技术啊！当年轻人踏实地坐下来钓小鱼，并且把在钓小鱼的过程中学习到的知识完全融入到他的钓鱼手法之中的时候，他已经不再只是一味地想着钓大鱼了，而是全身心地投入到钓鱼的过程中，同时，他也不知不觉钓到了很多大鱼。

【专家小贴士】

好高骛远、急于求成是孩子在成长过程中都会经历的心理状态，王献之的自认为"字已经写得很不错了"、年轻钓者"钓到大鱼那才叫有收获"的观点都是这种心理的反映，这实质上反映了孩子缺乏脚踏实地、一步一个脚印做事的精神。面对孩子这种不踏实的状态，作为父亲，我们应该学习王羲之、老年钓者的教育方式。开始时，他们都没有向孩子一味地强调所要追求的宏伟目标，而是教孩子踏踏实实从小处做起，或从一撇一捺刻苦练习书法，或安心于从钓小鱼起步，让他们在踏实做小事的过程中增强技能、增长见识、增加真实的自我体验。这是一个循序渐进的过程，也正是成功者的必由之路，是通往成功的坦途。我们教育孩子也应该如此，告诉孩子做事要从一点一滴开始，让他们明白"不积跬步无以致千里"的道理。这样，孩子才会踏踏实实走好每一步，才会钓到大鱼，才会有所成就。

《道德经》云："是以圣人，终不为大，故能成其大。"意思是说：圣人始终只关注小事，但最终能够做成大事。人生大事都是由生活小事构成的，踏踏实实做好一件件小事，大事也就会水到渠成。因此，注重培养孩子踏实做小事的习惯是非常重要的。那么，父母该如何培养孩子踏实做小事呢？首先我们要有这方面的意识，要以身作则，为孩子树立可以仿效的良好的榜样；其次，我们要开动脑筋，对孩子多做正面的引导，切不可态度强硬，采取威胁、恐吓的手段，以免引起孩子的逆反心理；再次，我们要持之以恒，切不可急于求成，要给孩子足够的空间和时间让他们去习惯和适应，只有经过日积月累的耐心引导，才能使孩子习惯成自然。

【误区小警示】

孩子的成长是一个过程，作为家长也不能急于求成。在培养孩子踏实做小事的过程中自身也要踏踏实实地从点点滴滴做起。引申到学习当中，踏实做小事的品质也非常适用。就如同弹奏一首钢琴曲，如果不是从一个个音符到一种种演奏法的辛苦练习，怎么可能弹奏出一首优美的曲子呢？

第五节　勇敢做大事

【理论小提示】

你若失去了财产……你只失去了一点，你若失去了荣誉……你就会丢掉了许多，你若失掉了勇敢……你就会把一切失掉。

——歌德

我们要时时注意，勇气常常是盲目的，因为它没有看见隐伏在暗中的危险与困难，因此，勇气不利于思考，但却有利于实干。因为在思考时必须预见到危险，而在实干中却必须顾及危险，除非那危险是毁灭性的。所以对于有勇无谋的人，只能让他们做帮手，而决不能当领袖。

——培根

【案例阐述】

（一）

美国IBM公司的创办人老托马斯·沃尔森出身贫寒，但凭借自己的聪明才智和艰难打拼，开创了IBM公司。并造就了该公司将近一个世纪的辉煌。老沃尔森执掌IBM时，IBM的主打产品是钻孔机。在老沃尔森的苦心经营下，公司日益壮大，生产的钻孔机占领了国际市场的很大份额。

小沃尔森是老沃尔森的儿子，作为富家子弟，他青少年时代经常与一些花花公子混在一起，沾染上不少坏习性，成为问题少年，差点被学校开除。

老沃尔森为人正直善良，富有爱心，援助了很多公益事业，因此在社会上享有很高的威望。小沃尔森的老师和老沃尔森的朋友们经常拿他们父子进行对比，希望小沃尔森向父亲学习，最起码应该做到不损害父亲的名誉。在父亲、老师和朋友的帮助下，小沃尔森的坏习性有所收敛。

老沃尔森看到儿子的变化，心里很高兴，开始在很多方面积极引导小沃尔森，鼓励他朝自己感兴趣的方向发展，比如让好动的小沃尔森学会了开飞机。第二次世界大战的时候，老沃尔森冒着危险送儿子参军，让儿子亲自参与了打击日本军国主义的战争，经受了炮火的洗礼。经过部队几年的严格训练，小沃尔森终于被打造成了守纪律、责任心强的青年军官。

1946 年 6 月，小沃尔森退伍后当上了公司副总裁，时年 32 岁。小沃尔森进入 IBM 公司工作后，业务不断精进。1952 年 1 月，78 岁的老沃尔森因为年事已高，决定退居二线，将 IBM 公司的总裁职务交由 38 岁的小沃尔森接任。小沃尔森上任后开始着手组织研制计算机，并力争赶上并超越当时实力最为雄厚的雷明顿—兰德公司。当年年底，IBM 生产的第一台国防计算机终于问世了。当时人们还看不到它的商业价值，但小沃尔森大胆倡议，立马生产计算机产品。到 1956 年，IBM 公司在计算机领域已经遥遥领先，远远地把雷明顿—兰德公司甩在后面。

小沃尔森没有辜负父亲的期望，把 IBM 打造成了世界上最大的计算机公司。

（二）

宋嘉树有三女三子——宋霭龄、宋庆龄、宋美龄三姐妹和宋子文、宋子良、宋子安三兄弟。宋氏家族对于近现代中国有着深远的影响，尤其是宋氏三姐妹在中国近现代史上具有特殊的地位，堪称 20 世纪初中国最杰出的女性。宋氏在教育子女时表现出的“敢为天下先”的精神，堪为当今父母的楷模。宋嘉树教子坚持了三个最基本的思想：一是不计毁誉，务必占先；二是男女都一样；三是和孩子们做朋友。

在对子女的教育中，宋嘉树始终坚持和孩子们交朋友，他在日常生活中身体力行，实施影响和教育。

宋嘉树很爱孩子，但他认为爱孩子就要为孩子的将来着想。一个风雨交加的日子，宋嘉树带孩子们去了龙华。他让孩子们丢开手中的雨伞，站在古塔下淋雨。宋嘉树指着高高耸立的龙华塔对孩子们说："你们看这座塔，千余年不怕风雨，为什么？因为它基础牢固，骨架紧密。你们将来投身革命，就要从小打基础，练骨架。现在让我们一起开始比赛，围绕宝塔跑六圈，六六大顺！"宋嘉树带头跑了起来，孩子们紧跟后面。在泥泞中跌倒了，他们迅速地爬起来再跑……

宋嘉树还经常和孩子们一起禁食一天。在这一天里，让饥肠辘辘的孩子们面对美味的饭菜，克制自己的食欲，宁可忍饥挨饿，也不去碰一下食物。他以此来锻炼孩子们的自制力与耐力，希望他们日后能成为意志坚定的人。

宋庆龄生性稳重、腼腆，和姐妹兄弟们在一起时，她总是最文静的一个。不过宋嘉树为孩子们营造的生活环境和气氛，也使小庆龄于天性之外受到补益。有一次，姐妹兄弟玩"拉黄包车"的游戏，宋霭龄装作黄包车夫，宋庆龄扮成乘客，小妹小弟跟在身后又蹦又跳。正玩得开心时，不料"车夫"拉车用力过猛，一下把"乘客"抛了出去。"车夫"愣在那里傻了眼，知道自己闯了祸，"乘客"又疼痛又委屈，满脸不高兴。

宋嘉树知道了这件事，慈爱地对宋霭龄说："做游戏也要有分寸，'黄包车夫'可不光是使力气呀！伤了乘客还怎么拉生意呢？"宋嘉树又笑着对宋庆龄说："我们的'乘客'这样宽宏大量，这样勇敢坚强，真是了不起！"小庆龄受到父亲的夸赞和鼓励，一脸的阴云散去了。长大以后，庆龄真的成为一位既富有爱心和宽容，又敢于面对邪恶势力奋勇抗争的伟大女性！

【专家小贴士】

能做大事、勇敢做大事，是每个父母对孩子的期望，因为大家都不希望自己的孩子碌碌无为、一事无成。事业的成功可谓人生的大事，小沃尔森取得了成功，把IBM打造成了世界上最大的计算机公司；宋庆龄姐妹取得了成功，成就了中国近现代史上的一段传奇。这些成功，更应该看作父亲对他们教育的成功。老沃尔森对儿子的积极引导与信任，宋嘉树对子女的锤炼与关爱，都是这些子女敢于做大事、取得巨大成就的基石。而父亲们努力奋斗、艰苦创业及身体力行的精神，父亲对自己责任的担当，更是这些子女宝贵的人生财富。

教育孩子勇敢做大事，很多父母首先想到的可能是让孩子接受良好的教育，鼓励孩子树立远大的理想。然而良好的教育和远大的理想只是为成功提供了可能，并且理想毕竟距离孩子太过遥远和抽象。因此，我们要做的应该是让孩子切切实实地具备实现远大理想、成就人生大事的良好品质，而这些品质需要家长在日常生活中捕捉和创造机会进行刻意的训练。这种训练必须是严格的和具有挑战性的，并且是因材施教的，同时还要注意适度性，不伤害孩子的积极性，使孩子永远保持挑战的热情。另外还要注意与孩子的沟通和交流，让孩子懂得这是面对人生的积极态度，是塑造自我、走向成功的必由之路。

【误区小警示】

勇气并非戾气。勇气是勇敢与正气的合体，是强大的内心的外在体现，因此家长在培养孩子勇气的时候一定不能忽视孩子的正气。对于性格急躁、脾气暴躁的孩子，要及时修正存在的问题，而不是误认其为勇气。勇气也并非一朝一夕能够培养出来的，勇气是孩子在生活中经过诸多学习和磨练才铸就成功的。对于性格内向、怯懦的孩子，家长要给予其时间、空间和机会，让孩子的内心丰盈、强大，这时爆发出的勇气才是真正有力的。

第二部分 家庭责任感

卷首语

责任心对人生有着极其重要的作用，亦是一个人最值得称赞的品德之一。小时候如果没有责任心一定不会好好学习；一个对家庭没有责任心的人，一定不会努力建立起幸福的小家庭；一个对工作没有责任心的人，没有监督就不认真工作，工作时推委搪塞，这样就不会自觉地尽职尽责，不可能有令人满意的出色的工作成绩，就是有不凡的才华，若没有责任心，也决不会有杰出的成就。我们应当告诉孩子们，他们现在每做一件事，都有可能影响到周围的人和事，甚至能影响整个社会。所以我们的孩子应该学会担当，做一个有强烈责任心的人，苏霍姆林斯基说："有良知的人有责任心和事业心。"那就让孩子从感恩父母开始，学会关心身边的人，关心周围的一切，进而关心整个人类。懂得感恩的孩子，必定会成为一个有爱心，有责任心，会生活，会做事的人。

第一章　孝心传承——学会关心家人

不孝的人是世界最可恶的人。

——鲁迅

爱国主义深深扎根于人的本能和感情之中，爱国主义是放大了的孝心。

——戴达菲尔德

一个天生自然的人爱他的孩子，一个有教养的人一定爱他的父母。

——林语堂

老吾老，以及人之老；幼吾幼，以及人之幼。天下可运于掌。

——《孟子》

第一节　以孝为先，学会感恩

【理论小提示】

“家是父亲的王国，母亲的世界，儿童的乐园”（爱默生语）。作为父亲，给孩子营造一个和谐的家庭乐园，为家庭、为社会培养出一个健康快乐、懂得感恩的人，是我们不可推卸的责任。

苏联教育家苏霍姆林斯基曾说：“良好的情感是在童年时期形成的，如果童年蹉跎，失去的将无法弥补。”又古语云：“人之初，性本善。”孩子天生是纯真无邪的。让孩子从小浸润在爱与感恩的环境里，真心感受，通过家长的言传身教，使之耳濡目染，让孝内化于孩子的人格之中。羊儿跪乳，乌鸦反哺。孝心是宇宙的真理和天性。孝道能充实自己生命的立足点，引导生命之旅的方向，涵养着无限人生境界的价值意义，也是一个人立身处世的基本品德，孝心引导能培育孩子的善良之心、感恩之心、责任之心。

感恩父母，孝心传递。曾有人说，感恩之心是沉睡在孩子心灵深处最美的天使，愿我们能用一颗感恩的心去叩开孩子的心扉，去唤醒这个“天使”，从身边的点滴做起，注重细节，让感恩成为孩子的一种习惯，成为一种家庭传统。孩子若懂得感恩父母，孝敬父母，他的心中就会存有爱，就会因爱担当起一定的责任。而且“良好的家庭传统有助于家庭成员相互尊重，有助于家庭建成一个友爱的、生气勃勃的集体”。“那些博得了自己子女的热爱和尊敬的父亲和母亲是非常幸福的”（伊林娜）。让我们每一位做父母亲的都感觉幸福，让我们的世界弥漫着爱的芳香。

【案例阐述】

（一）

爷爷搬去和儿子、儿媳，还有4岁的孙子同住。老人的双手发抖、视线模糊、步履蹒跚。全家围在桌旁吃饭，但老人颤抖的双手和视力障碍使他连吃饭都成了一件难事。勺子里的豆子掉到了地上，拿杯子的时候，牛奶又洒到了桌子上。

儿子和儿媳有些受不了了。儿子说：“咱们必须做点什么。我已经受够了，他打翻了牛奶，吃饭出声，还把饭菜弄到地上。”于是夫妻俩决定在餐厅的角落里放一张小桌子。当儿子一家一同用餐的时候，老人就坐在角落的小桌旁孤独地吃着。由于老人已经打碎了一两个盘子，他的饭菜现在是用一个木碗盛着的。晚辈们时不时地朝老人的方向看上几眼，但只有在老人的刀叉或者饭菜又掉到地上时，他们才会开口说话，冷言冷语地提醒老人注意一点。

4岁的孙子默默地观察着这一切。一天下午晚餐之前，父亲发现儿子在地板上玩着一块木头，就问他：“你在干什么？”孩子甜甜地回答道：“哦，我在为你和妈妈做木碗呢，等我长大了，你们就用木碗吃饭。”孩子笑了笑，继续他的工作，孩子的话令父母无言以对，尽管什么也没说，但他们都接收到了一个信息。

这天下午，儿子轻轻地拉着老人的手，将他扶到了餐桌旁与家人共进晚餐。从此，老人就一直和孩子们一同吃饭，不知什么原因，老人掉了刀叉、打翻了杯子或弄脏了桌布的时候，儿子和儿媳再也没抱怨过。

（二）

2000年5月的一天，两位孝子突然接到电话，说在外地亲戚家的父亲突然得重病，他们哥俩和家人急忙赶到。结果是70岁的父亲患了脑中风，经医院及时抢救，挽救了生命，但处于完全昏迷状态，已失去了知觉。医生诊断为：脑干大面积堵塞，基本上成了植物人。

一个月后，接回本市继续住院治疗。他们哥俩再加上两个媳妇，还有年迈的母亲，日夜倒班，轮流伺候。家里的正常秩序一下子混乱了。经过医生的治疗，以及全家人的精心护理、侍奉，父亲的病情稳定下来，渐渐地略有了知觉。

想起来，全家人是多么后悔啊。父亲曾经有过轻微的中风，每年都要进行两次保健性输液，本来说好这次从外地回来就输液的，可是……得病之前，父亲太劳累了，身心疲惫。他执意要回一趟老家，办理自己老母亲三周年的后事。父亲的老母亲，孝子的奶奶，活了97岁高龄。几十年来，一直是父亲母亲亲自照顾的。本来想父亲也一样能高寿的，却没想到竟然得了这样的重病。

父亲抗战时期参加革命，离休前曾担任过市纪委书记，是一位刚正不阿、廉洁奉公的老革命了。为党兢兢业业地工作了一辈子，“一身正气，两袖清风”。给孩子们做出了学习的榜样，留下了宝贵的精神财富。

大儿子耿直能干，有强烈的事业心。四十出头就担任了纺织厂副书记、工会主席。二儿子钻研业务、精通本行，是事业单位的高级工程师。哥俩一面白天忙于自己的工作，一面每天晚上轮流值班，守侯在父亲的病榻前。都说“久病床前无孝子”，可两个孝子坚持近10年了。每天喂药、喂水、喂饭，翻身、捶背、接尿、接屎，还要给父亲讲笑话，逗他开心，只有婴幼儿智力水平的父亲经常被逗得傻呵呵地笑出声来。父亲虽然人躺在床上，但脸色红润，和正常人一样，从来没有得过一点褥疮，连医生护士都惊叹，这么多年了，老爷子竟然还这样“健壮”。

孝子的父亲母亲，两位老人都是离休干部，不是没钱雇不起保姆，而是两位孝子不放心别人，觉得没有人会像自己这样精心照顾老父亲。

老爷子本来该享受生活、颐养天年的时刻，却病倒了。但是老爷子最有福气，他有这样孝顺的好儿女、有这样的好老伴，还有什么不知足的呢？老人虽然常年躺在床上，心里也该满意了。

2005 年 8 月份，两个儿子还把国家颁发给老人的“抗日战争胜利六十周年纪念”奖章挂在老人的胸前，为他照了一张像留做纪念。

大儿媳妇自从公公得病后，她就提前退休了。每天白天在家和婆婆一起伺候病人，以她的吃苦耐劳、贤德善良赢得了全家人的尊重。她像照顾自己的亲生父母一样照顾公公婆婆，脏活、累活抢着干，无怨无悔。本来自己身体也不太好，经常失眠、头疼，但侍奉老人从来没有喊怨叫屈，还是照样为公公做所能做到的一切。有时，老人大便干燥，她会戴上手套亲自为老人抠出来。家里人感动，邻里朋友也无不交口称赞。

当时，两个孙女，一个要迎接中考，一个正在上小学，她们突然长大了，知道应该自己照顾自己，为大人分忧了。看着大人们的孝行，感受着他们的孝心，“孝”已经在孩子的心里扎下了根。

【专家小贴士】

孩子是敏感的。他们的眼睛在看，耳朵在听，大脑也在消化着所接收到的信息。如果他们看到我们用孝心对待我们的长辈，用耐心为所有家庭成员营造一个幸福的家庭氛围，他们也会在自己的生活中模仿这种态度。

聪明的父母应该明白，自己每天都在拼凑着孩子未来生活的片段。我们应该成为聪明的建筑师和值得学习的楷模。父母的一言一行对于身心正在发展的孩子来说都起着较大的导向作用，这种作用是潜移默化的，对孩子的影响可能是终身的。所以作为父亲，培养孩子的孝心就要从自身做起，为下一代起表率作用。

有的孩子与父母、爷爷奶奶一块生活，在这样的家庭环境中，榜样示范的作用更是立竿见影。做家长的，不仅要在心里敬重自己的父母，更要以自身行动表明孝心。父母是孩子最好的老师，孝心就是在父母的榜样下养成的，因为“身教重于言教”。让孝在我们做父母的身体力行中传承、沿袭下来！

【误区小警示】

古人云：孝者，色难也。现代的人们，生活富足，老人衣食无忧，很多人认为满足了老人的物质条件需求即是孝，甚至说做得更好一点，逢年过节看望老人，送些礼物，就已经足够了。实际上这些远远不够，老人需要的是暖心的话语，需要的是长久的陪伴。有的家长在教育自己的孩子时，常把自己如何关心长辈作为前提，教育孩子理应关心父母，但平时却不注意自己的言行，在面对自己长辈时，面对长辈的关心唠叨时，满脸不耐烦，有的觉得老人关心过度或者发现老人所行不合其意时，甚至张口训斥，自己却习以为常，不以为意，殊不知，自己数次不孝言行已将往常对孩子孝道教育的效果消灭净尽，真孝必不色难，榜样示范是最好的教育，其身不正，虽令不行，其身正，不令而行。

第二节　细节引导，关心家人

【理论小提示】

“有的儿女使我们感到此生不虚，有的儿女给我们留下了终身遗憾”（纪伯伦）。同样是孩子的培养，为什么会产生如此大的差距？“播种思想，收获行动；播种行动，收获习惯；播种习惯，收获性格；播种性格，收获命运”。播种行为才能收获习惯。这就要求我们对孩子进行孝心教育，要求孩子学会关心家人，要从细节人手，从小事做起，从小抓起，从小引导学习“孝言孝举”。《弟子规》中“长者立，幼勿坐，长者坐，命乃坐。尊长前，声要低，低不闻，却非宜。进必趋，退必迟，问起对，视勿移”等等，都是对日常行为的规范，周秉清的“侍于亲长，声容易肃，勿因琐事，大声呼叱”“长者问，对勿欺；长者令，行勿迟；长者赐，不敢辞”，要求的也都是日常生活的小细节。道德情感需要积累，规范行为需要培养。学会关心家人就是要从这些细节入手，教育他们怎样懂得关心体贴父母长辈。只要我们从小就有意识地对孩子进行教育引导，很多孩子都会愿意按照家长的指点去做。久而久之，关心父母，孝敬长辈，就会在他们心中开花结果。当然在教育的过程中，母亲跟父亲的观点保持一致，夫妻之间要相互配合。

【案例阐述】

（一）

儿子 2 岁多了，已经能端着一个小碗，自己吃饭了。

从那时起，我家只要做一点好吃的，或不常吃的东西，总是盛在一个小铁碗里，让儿子给奶奶送去。（那时，我与母亲同住一院，是自家的院子）在这方面，他的妈妈是个很明理的人。

儿子第一次给母亲送东西吃，老太太高兴得不得了，赶紧找出糖果，奖赏她的宝贝孙子。乐得她逢人就说：“我的孙子比个小狗管用了，能给奶奶送好吃的了，有点好吃的总想着奶奶。”

一天，两天，一年，两年，久而久之，只要家里有好吃的，儿子总是先想着奶奶，有时我们两口子忘记了或觉得没必要送的东西，只要他奶奶那边没有，儿子总是及时提醒：“还没给奶奶送呢?”我妻子就赶紧盛好，让他送去。

每当看到儿子用胖嘟嘟的小手，小心地端着那个小铁碗，摆动着两条小腿，往母亲屋里走去。听着从隔壁传来的祖孙俩的笑声，我感到欣慰。老母亲一生多病，受尽苦难，能享受到孙子的一点孝心，也不枉了老人家辛苦一生。

时至今日，只要儿子在家，给母亲送东西的任务仍由儿子来完成。不过，现在，儿子能为母亲干的事情更多了。母亲的电视不清晰了，儿子去调。母亲的电话不响了，儿子去修。母亲生病了，经常由儿子背着到附近的小医院去打针。每当全家聚会时，从楼上将奶奶背到楼下他姑姑家的任务，多是由儿子来完成。聚会时，儿子虽然早早就吃完饭，着急要回自家上网，但总是耐心地等到母亲吃完了，尽兴了，说要回去睡了，才把母亲背回去。然后才自己上网，从来没不耐烦过。

在母亲的心目中，有许多事情，儿子的地位已经比我还高了……

（二）

公务员朱女士太爱自己的女儿了，对于女儿，她有求必应，她所做的一切，都是围着女儿在转。女儿顶嘴了，放学不回家了，朱女士认为这都是小事。

为操办女儿的14岁生日，朱女士专门请了半天假，花300多元买了生日礼物。她和婆婆忙活了一个下午做了一大桌各色菜肴……此前，她早已多次“邀请”女儿能在这天放学后及时回家。

下午6点，饭菜已基本到位。7点，朱女士将家门打开、关上、再打开，还是没能盼来女儿的脚步声。

家里的4位老人不免有些着急，他们去了学校一趟，学校早已放学。老人回家后要求朱女士给老师打电话问问情况，其实她在老人去学校时就已打了多个电话，还从中分析出女儿是和一些同学在一起，但无法判断女儿的具体去向。

晚上8点时，丈夫饿得实在不行，自己先啃了包方便面。9点，朱女士在生气中说：“不等了，我们先吃！”但几位老人坚决不答应，说只有等孙女回来他们才吃。一家6个大人呵欠连天地坐在沙发上，谁也不知道电视里究竟在播放什么。

9点45分，女儿终于回来了。进了门，她懒洋洋地冲一桌饭菜看了一眼，什么也没说就进了自己的小屋，“砰”地一声将门关上……6个大人6双泪眼，他们理解不了孩子究竟怎么了？

后来朱女士得知：女儿在生日那天是和几位好朋友凑钱，在一家小饭馆“祝寿”，“忘了”在家里还有大人在等着她回来。生日家宴小寿星缺席，大人盼来盼去盼个透心凉。

【专家小贴士】

天下之事必作于细，可以看出，案例中的朱女士肯定没有注意生活中的细节教育，孩子外出不归不知道给家人说明，置长辈的感受于不顾，对家人的关心之举熟视无睹，对待家人的态度已达到了冷漠的程度。应该说孩子对待某些事情的情感反应都是家长培养训练出来的，孩子的性格形成在很大程度上也是家长塑造。所以让我们注意生活中的细节教育，让他们的情感一点一滴地积累，最终达成丰厚的情感回报，回报给父母，回报给家人，回报给社会。生活中的孝心教育细节有许多方面。例如孝言：起床问声早、进门忙报到、出门打招呼、睡前道晚安、分别说再见、感激表谢意等等。孝举：就餐让座位、吃菜让佳肴、看电视让频道、父母生病懂得端水递药等等。让孩子观察了解自己，做到十知道：知道父母的职业；知道父母的生日；知道父母的最大愿望；知道父母最爱穿什么衣服；知道父母最高兴和最烦恼的事；知道父母的最好朋友是谁；知道父母的爱好是什么；知道父母最爱吃什么；知道父母最爱看哪一类的影视节目和书报；知道父母最喜欢参加什么活动。知之深才能爱之切，孩子在观察了解父母的过程中，才能感受父母生活的艰辛，才会萌发应该为父母做点什么的愿望，这时我们要适时地给孩子表现孝心的机会。

【误区小警示】

重视智力教育、忽视德育教育已经成为很多现代家庭教育的一大误区，目前，一些孩子在父母的溺爱呵护中长大，心中只有自我，没有他人，只重视自我感受，全家人需围着他一人打转，心无感恩，认为父母理当无私奉献，对家人关爱受之坦然，不思回报。一旦愿望得不到满足，就以非常举动威胁父母，甚至离家出走，时时处处惟我独尊，如有此种情形，家长就需要对自己的教育方式进行反思。

第三节　文化濡染，培养孝道

【理论小提示】

台湾学者杨国枢在《中国人之孝道的概念分析》中指出：“孝是中国文化最

突出的特点，传统的中国不仅是以农立国，而且是以孝立国。”孝心是对双亲长辈孝敬的心意，是中国孝道文化的核心，是祖先崇拜的文化内涵。古人云，百善孝为先。一个人如果连生养自己的父母都不孝敬，那么他的为人就可想而知了。我国优秀的传统文化书目里边很多都是我们教育孩子的良好教材，比如《弟子规》等都是从为人处世、待人接物等基本道理做起，学习《弟子规》，还可以使他们知道孝悌之行为，更能培养他们的孝悌自觉意识，健全人格。另外现代很多教材中也有很多孝文化的篇目。比如《木兰诗》《陈情表》《游子吟》《背影》《回忆我的母亲》《我的叔叔于勒》等，这些篇目从不同的侧面反映了人伦、人性、人道，父亲只要有心于此，利用传统中的精华，为我所用，就能培育出一个感情丰富，道德高尚，自己快乐，使父母快乐、别人也快乐的人！

【案例阐述】

（一）

人之初，起性原善；习近恶，而性渐远。天真活泼的孩子们，他们人生的起端就像一张白纸，我们作为成年人、老师、教育家所生活的自然环境、周边人群以及目前资讯科技都非常发达的现代社会，到底给孩子一种什么样的引导教育和信息认知，这对孩子的一生尤为重要！

现在的孩子，生活在一个物质和精神都非常丰富而又复杂的时代。现代社会下的体制教育，有着严重的文化信仰缺失，无法让幼小的心灵去辨别这五彩的世界。更何况现在独生子女多，对孩子的宠爱更使孩子失去作为孩子而应该具有的行为和规矩，让孩子无法在未来成长过程中，拥有超强的辨知力，来处理遇到的种种逆境和顺境。

作为孩子的母亲，我从我的儿子身上看到了他成长过程中的许多问题。简单说：不知感谢老师教导、不知体恤父母的辛苦操劳，更不知如何处理和小伙伴之间发生的矛盾，以及日常生活中的点点滴滴。

在一个偶然的机会里，我看到传统文化书籍里的《弟子规》《道德经》《大学》《孝经》《三字经》等等，让我如获至宝，特别是《弟子规》把一个学生乃至到做人的一切行为规范，都教导得细致入微。

比如《弟子规》中的第一小段：入则孝。三字一句，每句都可以演变为一段至深至重的教导，来滋润孩子善良的心田。我把这珍贵的宝藏首先分享给我的儿子，让他背诵《弟子规》，而且按照弟子规注解，一句一句地给他解释当中的意义和生活中应该如何去做人做事；在学校如何去感恩老师和同学；在家里如何去尊重爷爷奶奶、爸爸妈妈和阿姨；在社会中如何去做好一个学生和晚辈。

经过两三个月的深入学习，我看到儿子一点一点的变化，他不再大声和爷爷奶奶、爸爸妈妈说话，一叫他就非常快地跑到长辈身边，特别是他的行为，如果发现一点不好，我们责备他，他也很诚恳地向长辈表达自己错了，一定日后改正。特别是儿子的老师，打电话和我们沟通，觉得他好像变了个人，变得特别会感恩老师，对同学也特别善良大度，很多时候都和同学一起分享他学习中的喜悦和困惑。

我的儿子这两年已学完《弟子规》《三字经》《大学》，现在正背诵《孝经》，而且现在每天三餐吃饭前都念感恩偈：一感天地盖载恩，二感日月照灵恩，三感国家水土恩，四感父母养育恩，五感恩师教导恩。

传统文化给我们的孩子、家庭带来了很大变化，也给我们孩子幼小的心海注入了无量的智慧，我们相信他会一生受用无穷，也会一生智慧无量！《弟子规》《三字经》《孝经》，那是老祖宗留下来的，是非常珍贵的做人根本。可惜到了今天，我们的教育已经忽略了这一点。幸好还有很多明智父母，在忙碌之中，能去寻觅最佳教子之道。

今日之下，我们希望传统文化能尽快普及到每一个家庭，使每一个家庭成员都能有机会学习老祖宗的生活礼仪和教诲。给孩子一种安详、静谧、调和、美好的生活环境，使孩子从小就充满爱心。爱是孩子从平凡的心胸到达圣人之境的最短路线！

（二）

基于一份社会的责任，赵良玉女士出版了《母慈子孝》，讲述三十年教子之心得，把钟茂森博士在传统文化家庭教育下的成长历程奉献给了我们。从赵女士的分享中，我们感受到钟博士并非自幼聪明睿智，但到了今天其道德学问深受海内外同仁大众之敬仰。

赵良玉女士曾担任《广东食品报》副主编、《中国食品报》记者和广东省社会福利集团公司公关部经理等职务。身为母亲，赵女士对家庭教育有着深刻的体会和认识，三十多年来，尤其重视以孝道为根本的家庭教育，并着力于通过传统文化，对孩子进行道德品质的培养，她说能孝敬自己的父母是小孝，能够孝敬天下的父母，全心全意为人民服务是大孝，能成就圣贤，鼓励众生，使千秋万代的人获益无穷是至孝，我支持儿子走上大孝，奔上至孝，从而激发孩子对自身高度的要求，成就卓越一生的同时，也为社会送上优秀的人才。

钟茂森博士1973年生于中国广州，现任澳大利亚昆士兰大学商学院副教授，兼任中国广州中山大学客座教授、澳大利亚净宗学院副院长、方东美研究所副所长。他1995年在广州中山大学毕业，获经济学学士；1997年获美国路易斯安娜州理工大学工商管理硕士；1999年获该校金融博士。先后在美国德州大学及肯萨斯州州立大学任教四年，2003年迁居澳大利亚，在昆士兰大学商学院任教。曾在世界知名的金融商业学术刊物上发表过20篇论文著作，在国际学术会议（包括美国金融年会（AFA），金融管理年会（FMA））上发表近40次论文演讲。在美国任教期间，曾两次获美国专业学术会议最佳论文奖。在澳大利亚任教后，曾获昆士兰大学商学院及昆士兰大学优秀研究奖。2005年7月获亚州金融会议最佳论文奖。在校主要担任研究生的课程，是博士生导师。除教学外，目前承担澳大利亚国家项目的研究工作；并担任美国加州州立大学中国财务金融与企业研究中心的研究员，及世界金融学术期刊的审稿工作。

【专家小贴士】

我国孝文化源远流长，兴旺发达，至今不衰，令人体味无穷，“百善孝为先”“夫孝，天之经也，地之义也”“老吾老以及人之老”“人人亲其亲，长其长，而天下平”“孝子之至，莫大乎尊亲”这些关于孝的箴言我们再熟悉不过了，至于《弟子规》、二十四孝的故事，更是为我们熟知和传扬。但是我们是否传授给了我们的孩子，是否让他们领悟到了传统孝文化的精华，是否充分利用了这些经典呢？需要说明的是，孝心不等同于孝顺。孝心是孩子对父母付出的爱的一种回报，是无私的，是一种真挚的情感，是喜爱，是理解和体贴；而孝顺含有尊敬父母，奉养父母，不惹父母生气，对父母的要求言听计从的意思。根据现代教育理论，孩子在成长过程中会表现出一定的反抗性，对父母的要求不一定规规矩矩地去做，他可能根据自己的思维判断和评价去做事，不拘泥于父母的框架定式。这只是处事方法的不同，并不涉及到思想道德方面，因此，对于孩童时期有时表现出来的反抗性不能不讲方法地去压制、阻拦，而应尊重他们的选择，给他们独立处事的机会，循循善诱，达到良好的教育引导的效果。

情感教育高于一切，它是一切教育成功的基石。培育孝，正是在培养孩子感恩的情怀，因为受人恩惠，真情回报的感恩是一种责任，是一种人生的精神支柱，是一种和谐共享的人文。只要有感恩的思想，感恩的理念，感恩的情怀，人们就可能焕发出无穷的力量，也才可能顶天立地。社会的进步是建立在感恩、善念、包容、奉献的基础上——悠悠赤子心，浓浓感恩情。作为父亲，要为孩子努力营造感恩的环境，才能让他从小领悟感恩的道理，培养家庭责任感，进而使之担当社会责任，成为德才兼备的栋梁之才。

【误区小警示】

有的家长认为古代孝文化教育里含有封建糟粕，认为过分强调服从，剥夺了孩子的自主权，埋没了孩子的想象力和创造力，让孩子只懂循规蹈矩，形成谨小慎微的性格，对以后的成长不利，没有什么发展前途。其实，文化的熏陶具有可选择性，同一种材料，不同思想的教育者可以选择不同的方向，受教育者也是一个独立的个体，在成人的引导下，他的接受也是一种选择性地接受，关注点也会比较多地固定在已形成的观念基础上。

第二章　勇于担当的孩子更放心

责任心是世界上最珍贵的种子，它若早早地播种在孩子的心田里，将会收获一生一世的幸福。

——培根

一个人若是没有热情，他将一事无成，而热情的基点正是责任心。

——列夫·托尔斯泰

每一个人都应该为自己的失败负责。

——里根

第一节　让孩子学会自我服务

【理论小提示】

教育家陈鹤琴先生说：“凡是孩子自己能做的事，让他自己去做。”这样既能锻炼孩子的自理能力，又能使孩子对自己的生活、行为负责。

培养孩子担当，其实并没有什么灵丹妙药，唯一可行的方法就是让孩子独立去做力所能及的事。一个人只有独立才能主动承担，最基本的就是学会为自己服务，就是自己对自己负责任。当一个人对自己负责任的时候，他就学会了自己约束自己、自己管理自己，这叫自律。它是一种内化的效果，这就达到了教育的最高境界——自我完善、自我教育。他才有能力担当，他才有担当的意识。

我们可以看到很多孩子离开了家一个人生活以后，能应付很多困难，也可以坚强地一个人面对很多事情，但是在很多生活细节上，仍然表现出了自理能力弱的一面，从而影响了他的生活质量，甚至生命质量。不能自理，何谈担当。孩子自理能力差，吃苦的必将是孩子，但是根源却在家长。因此，孩子生病，家长需吃药。

“一屋不扫，何以扫天下。”若想孩子立大志，成大器，孩子自理能力的培养环节必不可少。良好的自理能力，是父母给予儿女的一份最宝贵的人生礼物，它将成为孩子踏上人生旅途的第一张门票。

【案例阐述】

（一）

涵涵的妈妈工作特别忙，所以涵涵生下来不久便被送到乡下的爷爷奶奶家。到他要上幼儿园的时候，妈妈才决定接涵涵回市区住。也不知道是不是在乡下随意惯了，涵涵养成了不讲卫生的习惯。爸爸妈妈一让他洗澡，他就推三阻四，更不用提饭前洗手、刷牙漱口这些重复次数较多的习惯了。因此涵涵的牙齿被虫蛀了不少，肚子也经常疼。在学校里，涵涵干净整洁的校服没穿几天就又脏又破。爸妈不断地提醒、警告、责罚，都没有生效，涵涵仍然把自己弄得一塌糊涂。妈妈眼看着别人家的孩子整洁漂亮、神采奕奕，自己的孩子却像一头又脏又臭的小猪，非常苦恼。

在幼儿园里，涵涵也表现得不能尽人意。上课他迟到了，小朋友们正坐在活动室里听老师讲故事，涵涵走到自己的位置上，却发现自己的位置上没有小椅子，于是他站在那儿等着，也不主动和老师说自己没椅子，自己也不寻找椅子。

班里的孩子还不认识自己的名字，于是我们剪了许多不同的图案，让每个孩子自己选择一个自己喜欢的图案贴在水杯上，通过这种方式，解决了水杯的归属问题。每次喝水，涵涵都对老师说：“老师，我找不到我的小水杯了。”其实他不是找不到，而是自己不想去找。

美术活动中孩子们都认真地画，涵涵却自己玩，当老师问到原因，他总是回答：“我不会。”

涵涵的父母搞不懂了，为何孩子会如此？究其原因才知道不在父母身边的那段日子，爷爷奶奶对于涵涵过于娇惯了。衣来伸手饭来张口的生活让涵涵完全不懂得独立，任何事情都等着别人替自己完成。

(二)

古人云："子不教，父之过。"孟子曰："爱人不亲，反其仁；治人不治，反其智；礼人不达，反其敬；行有不得者，皆反求诸已。"用来观照家庭教育，这句话传达出来的信息就是，孩子出了状况，应该从家长身上反思原因。

孩子的自理能力必须从小培养，等你感觉到问题的严重性时，往往已经错过了春耕夏耘的季节。我女儿今年14岁，有着比较强的自理能力。我在培养女儿自理能力方面有这样几个典型措施。

上学是女儿自己的事，她只能自己负责。上学路上，我决不为女儿撑伞。

我家距离孩子上学的学校近10分钟的自行车路程。我本人也正好就在该校就职，但我从女儿一年级下学期开始，就让她独自上学放学，风雨无阻，除非身体不佳，我才会酌情考虑是否携她一程。相反，在我女儿二年级的时候，我家所在家属区有一个小男孩都六年级了，做家长的还坚持每天按时接送，因为自己常常抽不出身，还约请了邻居接送。他们的顾虑是什么？是因为孩子上学放学要经过两个十字路口，安全问题不放心。我认为，要想让孩子学会走路，就得让她自己去走，只有在自己走的过程中，她才会成熟起来成长起来。安全问题，只知消极地"堵"，是解决不了实际问题的，我们不能光治标不治本。你越是小心谨慎得因噎废食，越是容易出状况，相反，放开手脚，让孩子多多磨炼，能力增强了，智慧增长了，安全问题的"本"也给治了。孩子上学家长接送，在中国比比皆是。每天上学放学的时辰，城乡各小学校门口都是人满为患，各种车辆将校门堵得严严实实。为什么中国学生的自理能力会越来越差，由此也可见一斑。

家务AA制兼顾自愿原则，自己的事自己做，能做的事分担着做。

在家务问题上，我对女儿的要求比较严格，具体体现在AA制上。从女儿上学起，我就开始跟女儿订立家务协议，协议由私人领域与公共领域两块构成，私人领域主要是个人卫生、卧室整洁；公共领域主要有地面整洁、器物保洁以及厨房事务等。实施原则是早起步，低要求。随着年龄的增长，逐步提高相关要求和扩大家务领域。不能及时完成将会有小小的惩罚。如果是休息日，大家就一齐劳动。由她自己选择做什么家务，或者将所有家务分别写在纸条上，然后把纸条放在一起，全家人轮流抓纸条，直到家务全部分配完毕。相反，我们很多家长都非常之大方、大度和宽容。只要孩子好好学习，什么家务事都可以不做。孩子也“乖巧”得很，有时家长偶尔请他们帮帮忙做点儿什么，他们都会借口学习而“逃之夭夭”。养痈遗患哪！法国文学家卢梭曾说：“你知道用什么方法可以使你的孩子成为‘不幸的人’吗？就是对他‘百依百顺’！”

我信奉“严格，也是一种慈悲”，是一种“为子计长远”的爱。

旅游也是女儿自己的事，爸爸只是旅伴和参与决策者，而不是导游。

旅游已经成为我们父女暑假的必修课。无论远近，都不是我一人说了算。到哪儿去旅游，什么时候出发，行李包裹的准备，到目的地住什么规格的旅社，使用什么代步工具，按什么路线旅游，日常饮食等，我都严格执行民主协商原则，绝对尊重女儿的意见。当然，我不是盲目地让女儿“瞎掰”，每次旅游前，我都会和女儿一块儿翻阅地图，上网查阅图文资料，GPS卫星导航地图我们也是经常查看。在旅游前期准备中，女儿对目的地的大致轮廓、风土人情、风景名胜、地方特产，甚至公交线路等都会有一定的概念。在我的帮助下，出发前，女儿基本能够拿出一个比较具有操作性的旅游计划。相反，我们很多孩子在旅游中完全是被动的，甚至连成人都因为完全依赖于旅游公司和导游而丧失了行动的自主性，何况是小孩子。

【专家小贴士】

独立是一种勇气，而自理却是一种技能。这种技能需要积累，家长应该从小就让孩子懂得照顾自己的生活。

孩子的自理能力与责任心是紧密相连的。如果孩子的家长在孩子需要有自理能力时，没有给予适当的教育和训练，那么他就会丧失做人的一种能力，无法站在已有的经验高度上体会对他人的责任心，包括对父母。让孩子学会自我服务。不要总是对孩子说“你还小”“你不懂”“你不行”，而要给孩子一定的锻炼机会。孩子们的成长速度是惊人的，远远超出成年人的想象。成年人认为孩子不能做的事，可能孩子已经完全有能力驾驭。因此，父母们要尽量给孩子一些锻炼的机会和勇气，这样孩子便可以在自我服务中增强责任心。

【误区小警示】

有两类家长：一类总怕孩子做不好事情或者总对孩子做的事情不满意，于是大包大揽，自己全盘承包；另一类是对孩子怀着无比的疼爱之情，怕孩子累着了，或者生怕孩子不高兴，孩子一有要求，就马上满足，代替孩子完成本应该他们自己完成的任务。更甚者，一些家长根本没有意识到自己的做法有什么不妥，认为只有把孩子照顾得体体贴贴，才是优秀的家长，殊不知，这样一种一力承担的行为对孩子才是一种真正的伤害，它剥夺了孩子在社会上生存的一种基本技能的获得权。

第二节　赋予孩子责任

【理论小提示】

之所以强调做家务与孩子心理成长的关系，是因为让孩子从小做家务，并不仅仅是为了生活自理能力，更重要的还在于让孩子精神自立。

因为做家务，孩子会明白，人首先得生活，而生活是由很多琐碎、繁复、不能摆脱的事情构成的：不仅要打理柴米油盐，还要会挣钱、理财投资；不仅要营造居家过日子的温馨，也要有出行安全的保证。因为做家务，孩子会明白，学习、读书并不是生活中的全部内容，要学习得好，必须与自己的生活有良好的协调。而且，如果孩子从做家务中以及其他社会实践中掌握了很多生活技能，经历了很多在生活中必然要经历的事情，他就会产生自己能够控制自己人生的自信。在外出求学、工作离开父母身边的时候，他就不会产生断奶的阵痛感，不会畏首不前，不是遇事都找父母或推给他人，而是自己决策大胆行动。在我看来，这不仅仅是生活自理能力，这是孩子的精神自立。

教育，就是把一个成长中的孩子逐渐引导成一个精神自立的人。只有精神自立的人，才能成为自己生活的主人，才有可能成为对社会有较大贡献的人。家庭教育承担着让孩子精神自立的责任。孩子能把学习当成自己的事，他就会有了积极主动性，他的潜能就会被发掘发来，这是内化、自省的效果。

【案例阐述】

（一）

在一个阳光明媚的星期天，聪明的男孩汤姆给妈妈写下了一张账单：

汤姆到超级市场买食品，妈妈应付汤姆 5 美元；

汤姆自己起床叠被，妈妈应付汤姆 2 美元；

汤姆擦地板，妈妈应付汤姆 3 美元；

汤姆是一个听话的好孩子，妈妈应付汤姆 10 美元；

合计：20 美元。

汤姆写完后，把纸条压在餐桌上，便上床睡大觉去了。忙得满头大汗的妈妈看到了这张纸条后，只是宽容地笑了笑，随后在上面添了几行字，放回了汤姆枕边。

醒来的汤姆，看到了这样的一张账单：

妈妈含辛茹苦地抚养汤姆，汤姆应付 0 美元；

妈妈教汤姆走路说话，汤姆应付 0 美元；

妈妈每天为汤姆做好吃的食物，汤姆应付 0 美元；

妈妈以后还将继续为汤姆奉献，汤姆应付 0 美元；

妈妈把汤姆培养成一个天使般可爱的小男孩，汤姆应付 0 美元；

合计：0 美元。

（二）

赵小兰祖籍中国江苏嘉定，1955 年生于台北，后移居美国，曾经入选 1987 年“美国十名最杰出的女青年”。2001 年 1 月 7 日，美国总统布什正式提名赵小兰出任劳工部长。29日，美国参院一致通过了布什总统的提名。31日，赵小兰宣誓就职，成为美国历史上首位华裔部长。她为美国华人参政树立了新的丰碑。她最大的竞争本钱是品德与勤奋。

赵小兰一家虽然生活在美国，但是在家庭教育的问题上，父母还是坚持着传统的做法。赵小兰的父亲赵锡成博士很好客，每有客人来，6个女儿只要在家，一定会出来招呼。她们以非常恭敬的态度为客人奉茶，脸上总是带着真诚的笑容。尤其令你难以相信的是，当赵家宴客时，几个女儿不但不上桌，而且守在客人身后为大家上菜、斟酒。赵小兰的母亲朱木兰女士认为这也是对孩子的一种训练。大人的道理很简单：由俭入奢易，由奢入俭难。他们家虽然有管家，孩子仍然要自己洗衣服、打扫房间，因为管家是请来帮助父母的，不是帮助孩子的。年轻人理当自己管自己的事，不能太早就受人伺候，否则很难学会独立。

赵氏几姐妹不仅料理自己的内务，每天都要听闹钟起床、赶校车上学，回家由姐姐带头自觉念书，还要分担家里的琐事。

每天早晨，她们要出去检查游泳池的设备，捞掉水上的脏东西。到了周末，则要整理那占地两英亩的院子，把杂草和蒲公英拔掉。赵小兰16岁的妹妹负责处理家里的账单，将圣诞卡的邮寄名单输入电脑，并接听晚上的电话。而且，只怕讲了你也不信，赵小兰家门前长达120英尺车道的柏油路面竟然是几姐妹在父亲指挥下自己铺成的。赵小兰曾经在《我的事业与人生》那篇文章里说："那时我们不是很喜欢，如今想来，大家一起工作，一起交谈，很能领会父亲良苦的用心了。"

至于星期天，他们一定全家去做礼拜。午餐后的时间，则举行每周一次的家庭会议，大伙高谈阔论，每个孩子说出自己新的想法、收获，提出计划，并征询父母的意见。所以，当我们惊讶于赵家姐妹的纪律与服从的时候，要知道那是经由亲子之间充分沟通所获得的共识。当她们为家里做事时，不是想到父母命令自己做，而是心里有着使命感。家是一个温暖的集体，每个成员都这么有向心力，自然会兴旺。

他们每年安排两次全家旅游，从选择地点、订旅馆房间，乃至吃饭的餐馆，完全由孩子负责，父母很少过问。这对孩子来说也是一种组织、分工的训练。

赵家虽然富裕，孩子却多半进公立高中，在外面的花费不论多少都要拿收据回家报账。赵小兰念大学时还向政府贷款，靠暑假打工还钱。这不是因为她的父母小气，而是因为父母要求子女独立、负责，把钱花在当用的地方。

赵小兰姐妹的成功，与她们的家庭教育有密切的关系。连老布什总统当年在白宫接见赵锡成先生一家时，都特别强调这一点，还对太太芭芭拉说，应该向赵小兰的家长学学怎样管孩子。

【专家小贴士】

案例一中汤姆的母亲用这种方式给了孩子最好的熏陶和教育，同时也体现了一种责任。父母对孩子的付出是一种责任，那么孩子对家人的付出也应该有一种责任，也是一种爱的表达。因为每一个家庭成员对家庭的建设都有一份责任和义务，从而树立孩子的责任意识，所以生活中我们不应该用金钱来鼓励孩子干家务活，如果操作不好，很容易变成一种交易，错过了培养孩子责任心的机会。

有这么一则资料，美国孩子的家务清单：9 至 24 月，自己扔尿布；2 至 3 岁，扔垃圾，整理玩具；3 至 4 岁，自己刷牙，浇花，喂宠物；4 至 5 岁，铺床，摆餐具；5 至 6 岁，擦桌子，收拾房间；6 至 7 岁，洗碗盘，独立打扫房间；7 至 12 岁，做简单的饭，清理洗手间，使用洗衣机；13 岁以上，换灯泡，擦玻璃，清理冰箱、炉台和烤箱，做饭，修理草坪……

培养孩子的责任心首先就要求家长放弃对孩子的溺爱，让孩子去做一些他力所能及的事情，让孩子去为自己、为家庭多承担一些责任，听取孩子对家庭生活的建议，经常和孩子讲讲家里的花销添置、人事来往，并请孩子谈谈自己的看法或者请孩子出主意想办法。当父母经常聆听他们意见、采纳他们的有价值的建议时，孩子心中就会油然而生对家庭的责任感，这样就培养孩子担当的品质。

【误区小警示】

孩子是家庭的一分子。很多家长在决定孩子的事情或孩子也比较关注的家庭事务时，夫妻两人商量之后，当即拍板，只通知孩子执行。当孩子提出反对意见时，不做考虑，一概否定，声称“你还小，你懂什么”。其实，孩子的思考自有孩子的道理，只不过孩子的观念与成人不同，但孩子三岁时已经有了自我认知的觉醒，他们有自己的独立思考。既然孩子是家庭的一员，我们就应尊重他们表达欲求、实现欲求的权利。即使孩子的要求不合情理，我们也要认真倾听，适时引导，给孩子提供自己做决定的机会，并为此担负起一定的责任。作为家庭的一员，家庭事务与他有关，需赋予孩子一定的家庭责任。

第三节　让孩子为自己的行为负责

【理论小提示】

当孩子犯了错误，家长正确的做法是让孩子学会补救，而不是做无意义的处罚，只有补救才是最好的教育。父母在惩罚孩子的时候不愿意听孩子的解释，认为那是孩子的一种狡辩和推卸。民主一点的家长会在发现自己惩罚错了孩子以后向孩子道歉，但是大部分家长都认定孩子错了就一定是错了。在惩罚孩子前，让孩子说说是不是知道自己犯了什么错，为什么会犯这样的错，应不应该受到相应的处罚。当孩子认为父母给予自己的“定罪”没有道理的时候，给孩子说“不”的权利和解释的机会，这是一种对孩子的尊重。如果孩子在自己日夜依赖的家中都不能享有被尊重的权利，都没有被尊重的体验，成年后，他们的自尊水平也会很低。

【案例阐述】

（一）

1920 年的一天，美国一位 12 岁的小男孩正与他的伙伴们玩足球。一不小心，小男孩将足球踢到了邻近一户人家的窗户上，一块窗玻璃被击碎了。

一位老人立即从屋里跑出来，勃然大怒，大声责问是谁干的。伙伴们纷纷逃跑了，小男孩却走到老人跟前，低着头向老人认错，并请求老人宽恕。然而，老人却十分固执，小男孩委屈地哭了。最后，老人同意小男孩回家拿钱赔偿。

回到家，闯了祸的小男孩怯生生地将事情的经过告诉了父亲。父亲并没有因为其年龄还小而开恩，却是板着脸沉思着一言不发。坐在一旁的母亲总是为儿子说情，开导着父亲。过了不知多久，父亲才冷冰冰地说道："家里虽然有钱，但是他闯的祸，就应该由他自己对过失行为负责。"停了一下，父亲还是掏出了钱，严肃地对小男孩说："这 15 美元我暂时借给你赔人家，不过，你必须想法还给我。"小男孩从父亲手中接过钱，飞快跑过去赔给了老人。

从此，小男孩一边刻苦读书，一边用空闲时间打工挣钱还父亲。由于他人小，不能干重活，他就到餐馆帮别人洗盘子刷碗，有时还捡捡破烂。经过几个月的努力，他终于挣到了 15 美元，并自豪地交给了他的父亲。父亲欣然拍着他的肩膀说："一个能为自己的过失行为负责的人，将来一定是会有出息的。"

许多年以后，这位男孩成为美利坚合众国的总统，他就是里根。后来，里根在回忆往事时，深有感触地说："那一次闯祸之后，使我懂得了做人的责任。"

（二）

学校组织去国家公园野餐，老师将需要带的东西分派了下去，由班上的每个同学负责回家准备一项。同学们有的负责去超市买食品，有的负责准备烤肉的炉子，有的负责所有的餐具……威尔逊分到的任务是负责准备烤肉要用的调料。

大家期盼这次野餐已经很久了，因此，消息一得到确认，威尔逊就开心地蹦了起来。直到放学回家，他都开心地楼上楼下地欢呼着，惹得爸爸妈妈一阵怜爱。妈妈提议威尔逊列一个单子，把需要带的东西先想好了，然后交给妈妈检查，这样不但可以防止遗漏，还可以防止没有经验的威尔逊漏拿了东西。

但是威尔逊说要先出去跟小朋友宣布这个消息，回来后再列清单。他说："放心吧，爸爸妈妈。我会带好的，别担心。"

妈妈虽然不是很相信他，但一想，这是一个很好的锻炼机会，就没有再要求他必须现在开列出清单来。

小威尔逊在外面玩了整整一天，临到晚上该睡觉的时候他才匆忙跑到厨房里收拾。

第二天，当全班人准备就绪，开始野餐时，小威尔逊却怎么也找不到烤肉汁，他惭愧地低下了头。这次教训让他意识到由于自己的疏忽，使这次活动大为逊色，影响了自己，也麻烦了别人。

【专家小贴士】

在教育孩子的时候，一定要让孩子明白：每个人都应该为自己的行为负责，都要承担它的后果，无论好坏。这是父母在教育孩子时一定要着力培养的良好习惯。尤其是在集体活动中，孩子更要尽职尽责，有条理地做好自己的本职工作，否则就会给自己和大家带来麻烦。

【误区小警示】

孩子免不了会犯错。很多时候父母都会不自觉地给予宽容和包办，好像责任不在孩子而在于父母。往往父母频频道歉甚至直接做完所有善后的事情，发觉这样很容易让孩子误认为所有的事情都不是自己的错。久而久之就会让孩子一旦碰到自己的错误，马上想到的是推卸责任，而不是勇于承担。其实父母的责任更多的在于教会孩子在犯错的时候该怎么做、该怎么说，尽可能让孩子承担起自己因为犯错带来的后果，让孩子从小就明白“责任”的意义。

第四节　放手让孩子自己做事，允许失败

【理论小提示】

狄更斯说：“父亲，应该是一个气度宽大的朋友。”气度宽大，允许孩子犯错误，允许孩子失败，更重要的是，放手让孩子独立做事。因为只有放手，孩子

才能够充分发挥自己的才智，而不再依赖他人，少一分依赖，就多一分担当。而且失败是孩子的权利，失败也是一种人生体验。孩子的成长过程是个必然伴随着错误失败的过程。鲁迅先生说：即使是天才，生下来的第一声啼哭，也决不会是一首好诗。人都是在跌跌撞撞、磕磕绊绊中长大的，人无完人，孰能无过？对孩子尤其如此。

【案例阐述】

（一）

留美博士黄全愈在他的《家庭教育在美国》一书中讲到了一个故事，主要是告诉父母应该如何对待孩子的失败，读来颇有启示。

矿矿（黄博士的儿子）上小学的时候，老师经常让孩子自己动手做一些小东西。比如做一个关于中国长城的课题研究，老师就要求孩子自己动手做一个长城的模型；做一个关于美国国内战争的课题研究，老师又会要求孩子做一顶士兵戴的小帽子。有一次，矿矿做的是古埃及文化研究，他决定做那个狮身人面的斯芬克斯的雕像。

听说孩子要自己动手做斯芬克斯的雕像，我的第一个反应就是：不切实际。用什么材料？石头？木头？小小年纪你能雕得动吗？做雕像，有那么容易吗？当然，我心里是这样想的，可嘴上没说。妻子的艺术细胞显然要比我多，她提出要用蜡来做雕像。母子俩就在家搞起了斯芬克斯工程。做模子、浇筑、定型，矿矿跟着妈妈边学边干，母子俩干得有滋有味。可是到了雕像阶段，母子俩开始不断发生争论。斯芬克斯的雕像已经有个粗略模样，往下细雕，粗手粗脚的矿矿总出错。妈妈好像是忘了谁最终对这个项目“负责”，她担心矿矿前功尽弃，所以关键的地方就不让矿矿动手了。

矿矿当然不愿意了，他毫不客气地对着妈妈嚷道：“这是您的课题研究，还是我的课题研究？”

妈妈着急了，想说服矿矿：“就因为是你的课题研究，我才这么费心帮你。

如果做坏了，你拿什么去学校交作业呢?”争多了，我当然也不能袖手旁观。我对妻子说：“儿子这么想是对的，就让他自己去干吧，好坏都是他自己做的。”

孩子单干了一阵，终于赶在交“货”期间完成了斯芬克斯的雕像。看看儿子的作品，还真像那么回事。用不着任何说明，你就能猜到它是“什么”。当然不能仔细看，斯芬克斯的下巴不知为什么少了一块，脸部一边大些一边小些。最让人担心的是，斯芬克斯的两条前腿从根部断了下来。不过还好，拼好了放在桌子上，不看侧面是看不到断痕的。

这是一个带缺陷的斯芬克斯——成也好，败也好，总之是孩子自己做的。还好，矿矿的老师对矿矿的“有缺陷”的作品赞不绝口，还让矿矿同他的斯芬克斯合影留念。

(二)

其实，失败是孩子的权利，父母应该允许孩子失败。

在西方国家父母就非常尊重孩子的这种权利。当小孩子摔倒了、打架了、光着脚跑出去了，大人都不去管，让他们自己体验，他们才知道什么事情应该怎样做，什么事不应该怎样做。稍稍长大后，参加夏令营，父母也不帮孩子整理行装，该带什么东西，由孩子自己掌握。孩子付出了一些代价后，就学会如何为外出做准备，如何了解当地的天气，带上必要的物品等。

在美国，一位母亲准备带她5岁的女儿去作一个为期两天的野外旅游。临行之前，母亲告诉女儿应该带些什么东西，为了培养女儿自己照顾自己的能力，母亲让她自己收拾行李。

到了野外，女儿发现自己的衣服带得太少，并忘记了带手电筒。那天晚上似乎特别冷，女儿对母亲说：“妈妈，我觉得冷，衣服没有带够……我能用一用你的手电筒吗?”

母亲问女儿：“为什么衣服带少了呢?”“我以为这里的天气和城里一样，没想到这儿冷多了，再来时，我就知道该如何做了。”

母亲说：“是的，你应该先了解一下这儿的天气情况，做充分的准备。那样的话，你现在就不会感到冷了。手电筒又是怎么回事?”

女儿说:“我想到手电筒，但在出发时忙来忙去，就把它忘了。”

母亲说:“你一定要记住，千万不要粗心大意，如果不细心地对待每件事，你就会尝到粗心的苦头。”

女儿说;“我明白了，我以后一定要像爸爸出门那样，先列一个物品单子，这样就不会忘掉东西了。”

“没关系，这次我把你忘掉了的东西都带来了。你看，这是你的手电筒，还有你的衣服。”母亲一边说着，一边把东西拿了出来。女儿一下子高兴起来，并过来亲吻了母亲。

年幼的女儿第一次出游，少带、忘带东西，很正常。对这种失误，这位母亲并没有立即指出来让她弥补，而是让它既成事实，铸成“大错”，在尝试中接受教训，获得经验。这种“失败”对孩子的健康成长极为有利。

允许孩子失败，父母就不要急于求成。孩子出现点差错，要有耐心，罗马不是一天建成的，孩子也是慢慢长大的。

【专家小贴士】

我们父母总是表现出一种完美的倾向。故事里矿矿是个很有个性的孩子，他对母亲的质问，的确令我们感慨。成长要靠孩子自己去经历，去体验，最难忘的往往不是结果而是过程。

虽然有的时候孩子的水平可能确实不如大人，他的知识、技能方面都没有成人熟练，但这就是他的成长。他必须经历一个自我探索的阶段，我们对孩子的这种所谓的失败，要给予理解、给予宽容，只有亲身经历过失败才能使孩子长大成熟起来。孩子的成长是任何人都不够替代的。

【误区小警示】

我们经常会犯这样的错误，为培养孩子的自信心，总认为要让孩子体验成功，所以时时处处为孩子创立增强自信的机会，生怕孩子一失败就会丧失兴趣，失去自信。毫无疑问，每位父母都希望自己的孩子能成功，都希望孩子在成长的道路上少走弯路，或不走弯路。所以当孩子遇到挫折和失败的时候，父母往往比孩子还着急。尤其是当孩子做出一个决定，而这个决定在父母看来是肯定要失败的时候，父母往往受不了，急于来阻止孩子走弯路。于是，父母经常会在孩子做事时，该出手时就出手，不该出手时也出手，不忍看到孩子失败，不忍看到孩子孤军奋战，不忍看到孩子因为某件事情干不好而挨老师的批评、同学的嘲笑，于是常常就想“越俎代庖”。从根源看，这无疑是父母爱孩子的表现，但这样的爱，可以说和那些包办代替、过度保护孩子的爱是一样的。因为在爱的旗帜下，孩子们感受失败的权利被剥夺了。其实，失败和成功就像生活中的调味剂一样，要糖也要盐。在一个人的一生当中，谁能保证不失败呢？谁能保证不遇到挫折呢？既然我们成年人生活、工作、事业当中都会遇到失败，那么孩子为什么就不能失败呢？

父母要容忍孩子的失败，要知道孩子从失败中也可以学到很多，失败了会更多地反思自己的原因，学习其他成功的做法，会增强抗挫折能力，可培养从失败中站起来再努力的顽强精神，失败中，他们可以学会担当。

第五节　让父亲成为孩子的榜样，并适当管教

【理论小提示】

那些博得了自己子女的热爱和尊敬的父亲和母亲是非常幸福的。——伊林娜

詹姆斯·多伯森说：“尊重他人的、有责任感的孩子，产生于爱和管教适当结合的家庭中。”父母作为孩子直接的榜样，也应该以身作则，由于自己的过错造成的后果决不推卸到孩子身上，要成为自己承担后果的表率。孩子犯下错误，教育后不知悔改，一定要进行适当惩罚，让他知道，有错就必须承担由于自己的错误所带来的后果。

【案例阐述】

（一）

7岁的埃迪坐在靠近门边的书桌前写作业，外面风很大，作业本被风吹得“啪啪”直响。埃迪不得不一次次跑去关门，每次关上没多久，一阵猛烈的风就又把门吹开了。

这时，邻居山姆叔叔来找埃迪爸爸，他没有进门，和埃迪爸爸俩人就站在大门外闲聊起来。

没多久，风又把门吹开了，埃迪于是跑去关门。他猛地把门合上，然而大门却因为碰到障碍物反弹了回来，与此同时，埃迪爸爸痛苦的叫喊声响起。

埃迪惊恐地看到，门外的爸爸五官痛苦地扭曲在一起，头发一根一根地竖着，而他的五根手指则怪异地缠来拧去……看到埃迪出来，爸爸暴怒地冲他扬起了手。原来，刚才爸爸的手放在门框上，埃迪突如其来的关门，差点把爸爸的手指夹断。

埃迪吓坏了，以为这次一定免不了一顿暴打。但是爸爸的巴掌一直没有落下来。埃迪的脸颊，感受到的也仅仅是一阵掌风而已。

事后，爸爸对埃迪说：“当时我实在痛得厉害，原想狠狠地打你一个耳光，但是，转念一想，我是自己把手放在门框上的，错误在我，凭什么打你。”

父亲的这句极为普通的话，却给了埃迪一个毕生受用无穷的启示：犯了错误必须自己承担后果，不可迁怒他人，不可推卸责任。无论你是一个父亲、老板，还是领袖。这件发生在埃迪童年的小事，对埃迪的一生或多或少地都有了影响。

（二）

李大钊出生时，祖父李如珍已经60多岁了。李大钊幼年丧失父母，孤苦伶仃，祖孙二人相依为命。祖父李如珍也是一个读书人，他对孙子十分喜爱，但管教也非常严格。李大钊从3岁起就随祖父识字读书，到五六岁就有一些识字能力了。

李大钊从小就十分顽皮，七八岁时虽然已入私塾读书却依然难改顽劣。那时，他家对面有一座庙，经常有一群不务正业之徒聚集在那里赌博。祖父李如珍担心孙子染上坏习气，一再警告孙子不许去那里玩。有一天中午，到了吃饭时间李大钊却迟迟未回家。祖父在家里等得十分着急，便忐忑不安地朝那座人声鼎沸的寺庙走去。果然不出所料，淘气的孙子夹在一群小孩中，正在那里看热闹。祖父十分生气，但是并没有当场发作。

李大钊玩够了以后偷偷摸摸地回到家中，蹑手蹑脚地坐到桌旁吃饭，却看到一向和蔼的祖父阴沉着脸一言不发，吃完饭，祖父把李大钊叫到身边，询问他晚归的原因。李大钊见祖父如此严肃，已经意识到自己犯了错误，于是坦白地承认了自己去看别人赌博的事实。祖父十分生气："看人'玩儿'比在家里坐着读书写字要热闹得多啦！可我平常嘱咐你的话，你全忘了吗？那些人空长着一双手而不劳动，满身铜臭味。我不让你去那里，你偏去，你说该罚吗？"李大钊点点头，表示该罚，于是祖父便让李大钊到屋顶上去翻麻。

那时正值七月伏天，屋顶上的麻又厚又密，年幼的李大钊不一会就汗流浃背、气喘吁吁了。李如珍虽然疼爱孙子，却决不姑息他的点滴过错，直到李大钊的表姑心有不忍，来向祖父说情，他才把孙子从屋顶叫下来，并语重心长地教育孙子："以后可要好好读书，不要再去那里看热闹了，要是迷上赌博，你这辈子就不会有出息！"

从此，李大钊不忘祖父的教诲，认为劳动可以锻炼意志、消除恶习，以后他一直这样要求自己和子女，成为勇于担当的模范。

【专家小贴士】

给孩子树立敢于担当的典范，不推卸责任。在培养孩子担当的同时，也提高了自己在孩子心目中的威信。

人犯错的时候，恰恰是教育的良机，因为会让他产生一种深深的内疚，此时明白的道理让他印象更会深刻。惩罚不等于体罚或变相体罚，更不能让孩子感觉有丝毫的委屈。要让孩子充分认识到自己的错误，惩罚也就没有了对孩子心灵的伤害，有的只是培养孩子自我矫正的勇气以及自我担当力量，惩罚教育的基本出发点是让犯错孩子认识自己的过失并为之承担责任。

为自己的错误负责，为自己所做的事情负责。请家长相信：一个人能承担多大的责任，就能取得多大的成功！

【误区小警示】

现在家长普遍认为只有关爱才是最佳的教育方式，于是一味地夸奖、宠爱。孩子犯了错误，生气的父母想要孩子承担责任，却狠不下心来，或者认为孩子还小，长大就好了，舍不得管教。慢慢地，孩子会形成一种不良心态，养成一种做错事不用负责的习惯。发展到一定时候，当他明白有些责任必须由他承担时，他因无法担当会自然地推卸责任。此时，他已经品行有失，若再想挽救，良机已失，将会费时费力。爱有许多种，孩子犯错误，不去追究不是爱，及时修正、适度惩罚才是对孩子真正的疼爱。

第三章　树立正确的金钱观

第一节　通过劳动，获得财富

【理论小提示】

日本教育孩子有一句名言：“除了阳光和空气是大自然赐予的，其他一切都要通过劳动获得。”每个人都渴望能拥有好的生活，可天上没有掉下来的馅饼，没有劳动，财富就是水中月、镜中花，不劳而获不现实，勤勉致富才是生活的真实写照。劳动本身就是一种财富，让我们用劳动去践行传递“劳动最光荣、劳动最崇高、劳动最伟大、劳动最美丽”强大的正能量。

【案例阐述】

劳动致富最光荣

小时候，家里的经济不太宽裕。老太爷（方言中对爷爷的父亲的称呼）、爷爷奶奶、爸爸妈妈还有我们兄妹4人，一家9口就靠爸爸跑运输维持生计。为了贴补家用，奶奶在镇医院帮人洗衣服，爷爷每天出摊给人补鞋，妈妈则负责家务、照顾我们，一家人勤勤恳恳，日子过得中等，家里充满了欢声笑语。

虽然那时我们还很小，大概只有八九岁的样子，但在大人的影响下，很早就明白要靠劳动改善生活的道理。

记得我们镇子上每年都有几次庙会，通常每次持续两到三天。在庙会上，多是手工木匠出售自己制作的家具，也有其他人趁机做点儿别的买卖。庙会期间，临近乡镇、村子里的人都会过来买东西，熙熙攘攘，颇为热闹。每到这个时候，我家也开始忙碌起来了，爷爷和爸爸会带着我们，提前在自家门口摆好桌椅板凳，奶奶和妈妈在厨房里蒸着一笼笼热气腾腾的包子，煮着香喷喷的米粥，端出来摆在门口桌子上卖。我们几个小家伙儿在大人的带领下，也忙得不亦乐乎。等庙会结束，我们会在一起盘算这次共有多少收入，能通过自己的劳动帮助家人挣上一小笔钱，我们兄妹几人别提有多高兴了。

目前，在我们兄妹四人中，二哥经济上最为成功，现在他个人拥有两个物流公司，员工近500人，公司效益非常好。小时候，他也是最调皮、最能干的一个。

有次庙会举办期间，在爸爸的鼓励下，他从镇上买进了一麻袋爆米花，背在身上，手里举着一个小旗，写上字做广告，走街串巷地吆喝着“卖爆米花，卖爆米花”。虽然那次爆米花并没有卖出去多少，但现在想起来，这件事情对于他的意义远远超过他当时能挣到的钱数。谁能想到，当时一个背着爆米花在人群中窜来窜去的小男孩日后会成为两个公司的总经理呢？

当时爷爷摆摊帮人修鞋，他的摊位离家大概有10分钟的路程。爷爷中午不回家吃饭，弟弟还小，都是哥哥或者我去给爷爷送午饭。我记得很清楚，每送一顿饭，爷爷会给我们5分钱作为奖励。还有，老太爷年纪大了，有八九十岁了，到了冬天，他自己睡觉老是觉着冷，暖不热被窝，我的两个哥哥谁要是在老太爷脚头睡觉，帮他暖被窝，也可以得到5分钱。哥哥们为了每天能得到这5分钱，都争先恐后地抢这个活儿干。

记得我那时自己缝了一个钱袋子，我把挣到的钢崩儿，还有家里人给我的零花钱都放在里面，有事儿没事儿就拿出来数数，看看小金库又增长了多少。那种满足感和愉悦感到现在还记忆犹新。小时候我们“参与”的生意都不大，但是我们从那时开始就慢慢树立了这样的意识。

一是金钱不会从天而降，而是要通过自己辛勤的劳动付出才有收获。

后来，爸爸运用自己的智慧和勤恳努力，经营纸张生意，商业上获得了一定的成功。我记得爸爸经常教育我们的一句话就是：通过任何途径去赚钱都是没错的，但是有一点，就是违法乱纪的事情绝对不能去做。我们兄妹四人牢牢记住了父亲的教诲。无论是经商还是工作，都是靠自己的勤奋、靠正当劳动去经营生活。

二是所干的工作不分大小、贵贱，只要靠正当劳动换来财富，都是值得自豪的。

这些价值观一直影响着我们。我们从来不会觉得摆小摊卖东西是件丢脸的事情。我在读博期间曾经作为联合培养的博士生到美国学习两年。我在出发之前，为了去美国那边上网方便，就到中关村买个可以伸缩的小网线。这种小网线，用的时候可以拉长，不用时可以缩到一个圆圆的小盒子里，携带起来非常方便。我当时立刻就意识到，这个东西到了美国那边可能还比较受欢迎，于是就多买了一些。一来可以送朋友，二来也可以找机会卖出去，看看市场的行情怎么样。在那边学习一忙起来，就把卖网线的事情给忘了。后来，爸爸妈妈曾到美小住。一次，我所在的宿舍区集中进行旧货买卖，我就想起了小网线。于是爸爸妈妈和我搬了几个凳子摆在临时市场上一个比较有利的位置，铺上布，把网线放在上面，然后，又顺带把从国内带去的脸谱工艺品、中国结等也摆在上面卖，真的吸引了不少人过来观看、购买呢。我当时在兜售这些东西时，丝毫没觉得难为情，就是抱着体验生活的态度和好玩儿的心情，爸爸妈妈也在旁边帮我张罗着，我的记忆仿佛又回到了20年前……

爸爸对我们的影响是很深的。无论何时，我们能走多远，他永远是我们兄妹四人的超级偶像。他使我们真正认识到“劳动致富最光荣”这句话的深刻含义。

【专家小贴士】

丰子恺曾说：“孩子的心灵是最纯洁的，他们是身心全部公开的人，好的教育和坏的教育都很容易接受。父亲是孩子们的第一任老师。因此父亲对孩子们的影响是至关重要的。”劳动让我们的生活变得多姿多彩，劳动是财富之源。父亲在家庭中多扮演经济支柱的角色，是家庭财富的主要创造者。因此，父亲的影响对于孩子正确金钱观的树立具有不可替代的重要作用。一位父亲要通过自己的辛勤劳动，创造财富，改善家庭的经济情况；同时在日常生活中，也要向孩子灌输通过正当途径创造经济利益的观念。帮助孩子形成积极向上、乐观进取的生活态度，树立为家庭创造财富的责任感，可以使孩子受益终生。

【误区小警示】

“蜜蜂酿蜜”是家喻户晓民间传唱的美德。它们虽然体积小、力量弱，但都是通过自身的劳动，一点一滴地积攒生存必需品，并与伙伴分享劳动成果。现在的孩子大多是独生子女，深受家长宠爱甚至溺爱。家长们往往给孩子提供过于奢侈的物质享受。让他们习惯于衣来伸手、饭来张口、好逸恶劳、贪图享受，这十分不利于培养孩子正确的人生观和价值观。这导致有些人沦为社会上少数不法分子，试图不劳而获、贪图小利、顺手牵羊，致他人财物受损，最终损人害己。在这个讲究有劳有得的社会里，妄想天上掉馅饼者都将付出沉重的代价。

第二节　勤俭节约，珍惜财富

【理论小提示】

“天下之事，常成于勤俭而败于奢靡。”这是南宋大诗人陆游的金玉良言。所谓“静以修身，俭以养德”，勤俭更是一切美德之源。清末中兴之臣曾国藩曾经说过：“勤俭自持，可以处乐，可以俭约，无论是大家还是小家，士农工商，勤俭节约，未有不兴，骄奢倦怠，未有不败。”其他国家也有类似谚语名句：“钱币是圆的，所以容易滚走”“披着破大氅的，往往是个好酒徒”“一勺勺积累的东西，不要用桶倒出去”。这些警句谚语都说明了勤俭节约的重要性。今天，随着我们物质生活水平的不断提高，勤俭节约的精神内涵更加丰富。我们要以勤俭节约为荣，以奢侈浪费为耻，从身边做起，从一元钱、一粒米、一滴水、一度电、一支笔、一张纸、一本书、一块橡皮做起，养成勤俭节约的好习惯，让勤俭节约的精神渗透我们的一言一行、一举一动，伴随我们的一生！

【案例阐述】

（一）“勤”“俭”两字不分家

从前，在中原的伏牛山下，住着一个叫吴成的农民，他一生勤俭持家，日子过得无忧无虑，十分美满。相传他临终前，曾把一块写有“勤俭”两字的横匾交给两个儿子，告诫他们说：“你们要想一辈子不受饥挨饿，就一定要照这两个字去做。”后来，兄弟俩分家时，将匾一锯两半，老大分得了一个“勤”字，老二分得一个“俭”字。

老大把“勤”字恭恭敬敬高悬家中，每天“日出而作，日入而息”，年年五谷丰登。然而他的妻子却过日子大手大脚，孩子们常常将白白的馍馍吃了两口就扔掉，久而久之，家里就没有一点余粮。

老二自从分得半块匾后，也把“俭”字当作“神谕”供放中堂，却把“勤”字忘到九霄云外。他疏于农事，又不肯精耕细作，每年所收获的粮食就不多。尽管一家几口节衣缩食、省吃俭用，也是难以持久。这一年遇上大旱，老大、老二家中都早已是空空如也。

他俩情急之下扯下字匾，将“勤”“俭”二字踩碎在地。这时候，突然有纸条从窗外飞进屋内，兄弟俩连忙拾起一看，上面写道：“只勤不俭，好比端个没底的碗，总也盛不满，只俭不勤，坐吃山空，一定要受穷挨饿”。兄弟俩恍然大悟，“勤”“俭”两字原来不能分家，相辅相成，缺一不可。

吸取教训以后，他俩将“勤俭持家”四个字贴在自家门上，提醒自己，告诫妻室儿女，身体力行，此后日子过得一天比一天好。

（二）李嘉诚的教子之道

据香港媒体报道，美国财富杂志《福布斯》2010 年香港 40 名富豪榜上，李嘉诚以 213 亿美元再次蝉联香港首富。

早在 2006 年，李嘉诚就曾表示：会将个人财产的三分之一捐作公益慈善之用。李嘉诚坦言："基金会是我的第三个儿子。"时至今日，李嘉诚基金会及由其成立的其他慈善基金会，已对教育、医疗、文化及公益事业支持的款额逾110亿港元。

李嘉诚在慈善事业方面所做的贡献已无法单纯用数字来衡量，但即便如此，出身贫苦人家的他在生活方面却依旧节俭如初。李嘉诚对自己的衣着从来都不怎么讲究，皮鞋坏了，他觉得扔掉太可惜了，补一补照样穿，而一套西装穿个十年八年对他来说更是平常事。

每次他宴请客人，总是吃简餐。一次，李嘉诚在澳门参加一个招待会，其宴会金碧辉煌，山珍海味，一派富贵。然而，当宴会快结束的时候，却有人看到这么一个细节：李嘉诚面前桌子上一个盘子里还剩下两片西红柿，他笑着低声招呼身边的助手，只看他嘴角一开一闭，而助手也轻步上前，两个人一人一片地把西红柿分着吃了。李嘉诚就这么简单地动筷子，随意而自然，却感动了在场的所有人。"不能浪费"，单纯的四个字，是李嘉诚先生一生坚持的金钱观。正是这小小的两片西红柿，折射出他勤俭节约的品格。在他看来，即使是不起眼的小物件，也不能因浪费而抹杀了它存在的意义。

李泽楷是李嘉诚的次子，他虽然出生在大富人家，却很少有机会享受奢华的生活。他在香港圣保罗小学上学时，这所顶级名校里许多孩子都是车接车送，满身名牌，可他却经常和爸爸一起挤公交车上下学。以至李泽楷经常闷闷不乐地向父亲发问："为什么别的同学都有私家车接送，而您却不让家里的司机接送我们呢?"每次听到孩子的质疑，李嘉诚都会笑着解释："在电车、巴士上，你们能见到不同职业、不同阶层的人，能够看到最平凡的生活、最普通的人，那才是真实的生活，真实的社会。而坐在私家车里，你什么都看不到，什么也不会懂得。"于是，两个孩子和普通家庭的孩子一样，在拥挤的电车里一天天长大。那些神色匆忙满身疲倦的成年人、那些和他们一样挤电车的孩子，让他们懂得，真实的生活充满了辛勤和劳累，安逸和奢侈并不是生活的常态。

和学校里那些大手大脚花钱的同学们相比，李泽楷甚至怀疑自己的父亲是不是真的像大家说的那样富有。因为小气爸爸不仅很少给他们零花钱，还常常鼓励李泽楷勤工俭学，自己挣零用钱。所以李泽楷在很小的时候就开始做杂工、侍应生。李泽楷每个星期日都到高尔夫球场做球童，看着小小的儿子背着大大的皮袋跑来跑去，李嘉诚甚是开心。而当李泽楷告诉他，把挣来的钱拿去资助有困难的孩子时，他更是笑逐颜开。懂得了勤劳和独立、懂得助人即是助己的儿子，是他想要的好儿子。

李嘉诚不只是单纯在思想上为孩子树立勤俭节约的美德，还言传身教，在严格要求儿子们的同时，也时时刻刻严格要求自己。虽然在对社会捐赠方面他始终都是大手笔，但在他的日常生活中，却是十分平淡、克勤克俭、不求奢华。直到今天，他戴的还是廉价的只值 26 美元的日本手表，穿的仍旧是十年前的西装，居住的是 30 年前的房子。李嘉诚说："如今我赚钱不是为了我自己，我已不再需要更多钱。"这些话与行为，深深地刻在了李泽楷的心中。

【专家小贴士】

勤俭节约不是小气，而是一种文明的表现，应该被广泛传承。作为个人，要想生存、发展，离不开勤俭节约；一个家庭，只有坚持勤俭节约的美德，开源节流，才能走向幸福；一个国家，只有全国上下厉行勤俭节约之风，节约利用资源，节省能源，才能走向繁荣和富强。孩子幼时的教育往往会影响其一生的思维模式和行为方式。我们在教育子女时，要以身作则，为孩子树立"铺张浪费可耻，勤俭节约光荣"的意识，营造良好的氛围，使勤俭节约成为我们生活中的一种时尚，一种习惯。

香港首富李嘉诚在教育子女方面是非常成功的，他的两个儿子在商界都取得了很高的成就。作为家长，首先要勤奋劳动，量入为出，精打细算，做孩子的好榜样。其次，要告诉孩子家里的支出都是父母辛辛苦苦挣来的，所有这些钱都用来负责全家人的开销，任何对金钱的滥用都有可能影响全家人的生活，以培养孩子的家庭责任感。此外，也可以经常给孩子讲一些财富名人的故事，教他们学会控制购物的欲望，从小养成节约的习惯。

【误区小警示】

现在的很多独生子女是家里的小皇帝，不知生活的艰辛，往往养成花钱大手大脚、奢侈浪费、盲目攀比的恶习。在学生与父母发生的矛盾纠纷中，因为想要买名牌或高档礼物送人而占了相当大的比例，这对孩子将来的发展非常不利。过于优裕的物质生活和给孩子大量金钱，是葬送孩子的第一杀手。有人戏称，孩子拥有大量的钱财，除了购回享乐、好逸恶劳、攀比之心外，还买回了囚车和监牢。“自古英雄多磨难，从来纨绔少伟男。”家长应引导孩子对“穷困”和“艰苦”进行切身感受，磨砺、锻炼和培养孩子的意志、品质、性格和心态，促使孩子成为有用之才。

第三节　学会理财，创造财富

【理论小提示】

俗语说“你不理财，财不理你”。理财商数简称财商，是继智商、情商后逐渐兴起的一个新词汇，是指一个人认识、驾驭金钱的能力，即在理财方面的智慧。研究显示，5 至 12 岁是儿童理财教育的关键期，在这个阶段，孩子的金钱价值观和消费观尚未定型，此时进行理财教育，有利于孩子形成正确的理财观。孩子学会安排 10 元钱的用途，明天给他 10 万元、100 万元甚至更多的钱，都能游刃有余地处理好。除了有形的资产增值，无形的理性理财观念，更是孩子一辈子受用不尽的宝藏。可见，对孩子进行“财商教育”刻不容缓，专家和理财师都提倡在生活点滴中及早对儿童渗入财商培养。

【案例阐述】

美国父母希望孩子早早就学会自立，掌握勤奋与金钱的关系，把理财教育称之为“从 3 岁开始实现的幸福人生计划”，请看下面的一个美国家庭的少儿理财教育故事。

纽约教子学理财

与很多望子成龙的中国父母相比，美国家长并不刻意要求孩子在学习成绩上出类拔萃，但在从小培养孩子的理财能力方面，美国人却毫不含糊。本文主人公陈女士与美国律师托德组成新的家庭后，带着10岁的儿子鹏程移民到大洋彼岸的纽约，开始了一段新的教子经历。

10岁的鹏程到纽约后继续读小学四年级，在美国的学习非常轻松，鹏程每天放学回家不是看电视就是跑到社区娱乐场玩耍。信奉“业精于勤荒于嬉”的陈女士为此忧心忡忡。

托德对陈女士的忧虑感到不可理解。他耸着肩膀说：“整天读书会扼杀孩子的学习兴趣，与其让鹏程做那些枯燥乏味的功课，不如让他做一些家务活，比如擦地板、修剪草坪什么的。孩子干家务活既能体会到劳动的乐趣，又可以赚到可观的零花钱，鹏程一定会很开心的！”陈女士不以为然地说：“让孩子小小年纪就对赚钱感兴趣，这样做恰当吗?”托德笑着反问道：“难道追求金钱有什么不对吗？要知道在美国，人们通常会以拥有金钱的数额来评估一个人的价值。谁会赚钱说明谁有本事，理应受到社会的尊重。”

正像托德预料的那样，没有学习负担的鹏程听说干家务活能够赚到可观的零花钱，马上来了精神。鹏程早就从同学那儿得知，美国家长从不轻易给孩子零花钱，儿女向父母要钱，还要写借据。托德对每项家务活的工钱有明确规定：洗一桶衣服可赚3美元，擦地板、修剪草坪、清洗汽车的报酬分别为3美元、4美元、5美元。

孩子确实有很强的可塑性，来美国前不会做任何家务的鹏程很快就学会了使用洗衣机、修剪草坪和清洗汽车。看到鹏程满脸汗珠仍一丝不苟劳动的情景，陈女士觉得儿子变得成熟多了。一个月下来，鹏程靠自己的劳动赚到了86美元，他花30美元买了一双溜冰鞋，显得开心又自豪。

托德说，做家务活只是让孩子体验到赚钱不容易，懂得钱不会从天上掉下来，但只知道如何赚钱是远远不够的，还应该让他学会怎样花钱。

鹏程赚的零花钱越来越多，托德提出给他在银行开一个账户。陈女士觉得儿子尚未成年，没这个必要，托德却坚持说让孩子从小跟银行打交道有利于孩子了解储蓄的意义。

去银行开户那天，托德带着鹏程熟悉了银行的各个业务窗口、取款机，还仔细给他讲述了利率和利息的含义。他要求鹏程对自己的账户负责，不仅要养成良好的储蓄习惯，还要有理性消费意识，随时关注存款余额的变化。

事实上，储蓄的好处很快就显现出来了。鹏程对自己账户上的存款余额非常敏感，和以前随意在抽屉中拿现金消费所不同的是，鹏程开始有计划地消费。为了保证存款余额逐月递增，他开始精打细算，量入为出。在美国老爸的影响下，鹏程养成了去平价超市或仓储商场购物的习惯，很少去条件舒适的高档次商场购物。

让陈女士感到欣慰的是，学会了赚钱和储蓄的儿子并没有变成吝啬的小财迷。在陈女士和托德过生日时，鹏程用自己赚的钱给他们分别买了珍贵的生日礼物。托德把鹏程的爱心归功于他的理财教育。他幽默地说："儿子掏腰包送父母生日礼物是一种物有所值的理智消费。"

鹏程上中学后因学校较远，托德便让他自己去买一辆自行车，并提醒他买车时要注意性价比。鹏程心领神会，为了用较少的钱买到更好的东西，他一口气跑了 4 家商店，权衡比较，终于买到了一辆物美价廉的自行车。托德对鹏程的表现相当满意，夸奖他有经济头脑。

与国内一些独生子女只知道伸手向父母要钱相比，鹏程在托德的另类教育下树立了自立自强的世界观。暑期里，鹏程联系了一份送报纸的工作，每天早晨踩着自行车到附近几个社区挨家挨户送报。他告诉妈妈，他的同学在假期里都找到了不同的工作。

鹏程上中学期间，经常与同学结伴去美国其他城市旅行。社交活动明显增多，托德便给他办了一张信用卡。信用卡让鹏程有一种长大成人的感觉，他从不随意超支消费，每月底都保证了信用卡平衡。

陈女士说："儿子鹏程来纽约后的变化让我不得不佩服托德教子有方。他循序渐进地引导鹏程学会赚钱、存钱、花钱，并将品德教育贯穿于理财教育之中，这确实值得中国的父母借鉴。”

这还不够，托德认为鹏程应该向摩根、洛克菲勒学习，从小就有成为百万富翁的野心。他鼓励儿子尝试投资生意。

鹏程做的第一笔投资生意是到文具市场批发了一些日本进口的水性笔，然后以每支笔低于商店零售价 0.2 美元的价格销售给学校同学，结果赚了 30 美元。托德对鹏程说：“纯粹赚批零差价是较低层次的生意，而且投资回报太少，你应该想到更好的赚钱点子。”

圣诞节前夕，鹏程又批发回了一批精装笔记本和音乐贺卡，他将贺卡的芯片巧妙地装到笔记本中，笔记本一打开就能放出美妙的音乐。鹏程把经过加工的“音乐笔记本”拿到学校后很受同学欢迎。贺卡批发价 1 美元一张，笔记本 2.5 美元一本，成本才 3.5 美元的音乐笔记本每本零售价为 5 美元。托德对鹏程的这笔投资颇为欣赏，他夸奖鹏程棒极了，认为鹏程胜在与别人做得不一样，在商品中加入了自己的智慧。

没过多久，鹏程所在的中学组织了一次盛况空前的校庆，很多已经成为政坛、商界知名人物的校友欢聚一堂畅叙同窗旧事。鹏程抓住了这次难得的商机，用摄像机录下了大量场景，然后制成光碟销售给参加校庆的师生。这种具有珍藏价值的光碟很快被抢购一空，鹏程又复制了一批，获利颇为丰厚。

……

看见托德如此重视对鹏程的理财教育，有次陈女士忍不住问他：“你对儿子的未来有何期待呢?”托德沉吟了片刻后说：“我并不期待儿子将来一定成为金融家或投资大师。但有一点可以肯定，理财能力是当代每一个人都必须具备的基本素质，优秀的财商将是孩子成人后创业致富的最大资本。”

托德的话让陈女士忽然明白，为什么在世界亿万富翁排行榜上美国人不仅位居前列，而且占据了一多半。这种现象其实不足为奇，因为这是美国人长期坚持理财教育从孩子抓起的必然回报。现实生活中高智商低财商的穷人不在少数，而洛克菲勒、比尔·盖茨从商获得巨大成功的例子早就证明一个人的财商是何等重要。

在纽约生活的日子里，鹏程没有像国内中小学生那样辛辛苦苦地埋头念书，也没有如临大敌的考试压力，迷上了理财投资的他学习成绩依然优秀。在读书之余，他又开始涉足股票投资，并颇有炒股心得。自认为财商过人的鹏程已经夸下海口：他将在30岁以前成为百万富翁！

【专家小贴士】

理财教育应该从娃娃抓起，这样做并不是想把孩子培养成小财迷、拜金主义者，而是让孩子在理财的过程中，形成创造财富的能力，正确地对待金钱和使用金钱。孩子在不同的年龄段应该接受不同种类的理财教育。家长可以在以下几个方面注意培养孩子的财商：一、给孩子的零用钱要适当；二、家长可以帮助孩子在银行开设儿童账户，引导孩子把多余的零花钱存起来；三、让孩子养成随时记账的习惯，并定期整理，做到收支平衡，培养其节约意识；四、帮助孩子寻找合适的“创业”机会，让他们体会到创造财富的快乐。

【误区小警示】

给孩子普及理财知识，在国际上已是惯例，已经被越来越多的父母所采用。例如，新加坡中小学生早在1992年时，参加储蓄的百分比已经超过53%；英国政府也公布，从2011年开始，储蓄和理财将成为英国中小学学生的必修课。而在中国，许多孩子到了读大学的时候，才拥有自己的银行账户，理财观念才初步形成。一些中国家长认为，中小学生由于人生经验尚浅、知识结构有限、资金不足，让他们过早接触金融知识如同揠苗助长，对小孩子成长不利，会助长孩子投机心态。其实这些担心有些多余，教会中小学生理财知识也是一种“科普”。一部分家长总担心孩子不会管钱，怕孩子手里有钱就会挥霍无度，甚至会误入歧途。所以每次在谈论金钱话题的时候故意避开孩子，也很少让孩子自己拿钱买东西。这样导致的后果就是孩子对金钱完全没有概念，就知道张口要钱买东西，不给就哭闹不止，给了就全部花光。有的家长认为，孩子应该是“一片净土”，主要任务是学知识、长身体。不能让孩子过早接触金钱，即使孩子从长辈亲友那里得到的压岁钱也要悉数上交，由父母做主。另一部分人就觉得亏欠孩子，只要他高兴，钱不是问题，从而出现了很多的“富二代”，花钱没有规划，大手大脚，还爱攀比。有的孩子才十几岁，竟然花几千元购买名牌衣服和鞋，只是为了觉得特有面子。因此，如不及时对孩子进行理财观念培养，有可能会造成他们爱慕虚荣、攀比、不劳而获的心态，对他们将来的成长不利。

第四节　金钱诚可贵，情谊价更高

【理论小提示】

金钱在我们的生活中扮演着重要的角色，可以改善我们的生活水平，提高我们的生活质量，也可以在一定程度上实现我们的人生价值。但是，人生中有很多东西比金钱更为珍贵，比如说生命、亲情、友谊、快乐、诚信等，这些都无法用金钱买到。因此我们在重视理财、珍惜财富的基础之上，更要看到金钱的局限性，能够做到正确取舍。

【案例阐述】

做金钱的主人

父亲年轻的时候，经营纸张生意非常成功，他是我们镇子上第一位从事纸张批发的人，并带起了其他商户，使我们那里成了一个远近闻名的纸张批发市场。

当时，父亲从山西的纸厂购买纸张，再用大卡车拉到河南，我们镇子上有一二十辆卡车专门负责帮爸爸运送货物。货物运回来之后，就放到自家的仓库里，销售给各地的客户。但很多时候，江苏、江西、安徽甚至福建的生意人都到我家附近的宾馆住下，等着运纸的车回来，有时候车刚到家，来不及卸货，就被他们买下来了。

客户们都希望能在第一时间买到纸，拉回去出售，都想以最快的速度来获取效益。因此通常有几个客户同时在我们那里等着，这就产生一个把货先给谁后给谁的问题。

一次，有一位客户私下找到爸爸，说："我可以提高价格，能不能先把纸卖给我。"接着，那位客户说了一个很可观的数字。他满以为爸爸会答应他，不料爸爸当场就跟他说："我有一个原则，就是先来后到，谁先到的，纸就先卖给谁，不论价格高低。很对不起，这个纸要先给××。"爸爸没有满足那位客户的要求，但是那位客户不但没有怨恨爸爸，反而对爸爸的为人更加敬佩，后来一直是爸爸长久的生意伙伴。

一般我们都是整车地把纸卖给别人，散卖的很少。但是我时不时地就会注意到，有一位爷爷，年龄很大，走路也不太方便，每次都是骑着自行车来买纸，并且他每次只买两捆，绑在自行车后面带回去。我看到每次那位爷爷来的时候，爸爸都是很热情地接待他，并且亲自把两捆纸很仔细地帮爷爷捆好。我感到非常奇怪，每次都有装卸工人帮忙装货、卸货啊，爸爸为什么对待老爷爷这么热情呢？

有一次，我跟妈妈说起了这件事情。妈妈告诉我说："那位爷爷就住在我们镇子上，没有子女，只能靠自己辛辛苦苦做点儿小生意和老伴过活，生活非常不容易。你爸爸每次都是以最低的价格把纸卖给他，连本钱都不够，并且每到逢年过节，你爸爸都会亲自带上礼品去看望他。"我当时还小，听得似懂非懂。但是现在想起来，爸爸已经为我们做了最好的示范，对人要有同情心，有些东西的价值要远远地超过金钱。

在我们镇子上，爸爸知名度比较高，做人又善良、正直、讲究原则，很受大家的尊重。亲戚朋友，谁遇到了困难，第一个想到的就是他。他也几乎没有驳过别人的面子，总是给予别人力所能及的帮助，金钱方面的、人际方面的等等。实际上，有很多人借钱不还，有的数额还很大，但是很少听爸爸提起过。

后来我们渐渐年龄大了，从家人的口中慢慢了解到，诸如此类的事情实在太多。爸爸从来没有在我们面前抱怨过谁。他经常告诉我们："钱是什么，生不带来死不带去，我的想法就是尽自己的所能帮助亲戚朋友，让大家都能把日子过得下去。”并且，从小到大，爸爸经常告诫我们：“永远不要想着占别人的便宜，那样的人不会长久。你们都要记住：吃亏就是占便宜。”

爸爸的话很朴实，没有大道理。但是爸爸宽广的胸怀，乐善好施、仗义疏财的品格，给予我们潜移默化的影响，使我们受益良多。

商人的目的是追求利益，但要想经商成功，首先第一步要做好人。在这方面，爸爸为我们树立了榜样。我的哥哥和弟弟现在走的是经商的路子，他们从爸爸身上学到了不少经商的经验。同时，爸爸的处世风格在他们身上也得到了很好的体现。他们正值、善良、讲究诚信、广交朋友，积累了一大批人脉资源，跟客户们建立了牢固、长久的合作关系，事业有成。我在自己的工作岗位上，兢兢业业，诚恳待人，也获得了大家对我的认可和称赞。

2008 年发生汶川地震的时候，哥哥第一时间做出决策，带头捐款，同时号召公司的员工捐款捐物。当时，我还在美国求学，也通过互联网把款项捐给国内的红十字会。当我们把这些事情汇报给爸爸时，他感到很欣慰，十分赞同我们的做法。

我们兄妹在谨记爸爸对我们教诲的同时，也有意识地把这种思想灌输给我们的孩子。我的儿子只有两岁多，带他出去玩儿时，经常会碰到一些在路边弹唱的艺人。每次我都会带着儿子静静地欣赏一会儿，然后把钱递给儿子，让他给叔叔送过去，看着他摇摇晃晃地把钱拿过去的身影，我很欣慰。

【专家小贴士】

身教重于言传。父亲的每一个眼神、每一句话、每一个举动都会被孩子全盘吸收。如果父亲自己行为不正，又怎么要求孩子不犯错误？一个自私自利、把金钱看得重于一切的父亲，往往培养出自私、冷漠的孩子。相反，一位重视感情、能对金钱和情谊做出正确取舍的父亲，往往培养出正直、善良、诚实的孩子，拥有这种品质的孩子才能拥有更广阔的人生之路，才能获得真正的成功。

【误区小警示】

金钱能帮助我们享受爱与生活，可如果把钱当成是万能的，那首先就会失去爱与生活。有些人把金钱作为评判他人的唯一标准，把钱看得太重，遇事患得患失，斤斤计较；有些人认为自己很聪明，总想占他人的便宜；有些人心目中只有个人利害关系，骨子里尽是自私冷漠，当然谈不到原则。这些势利眼往往目光短浅，没有是非观念，也不讲人情，在这些家庭中长大的孩子将会受到不良影响，其待人处事的方式会打上家庭的烙印，他们在生活中可能失去朋友，事业中可能失去发展机会。

第四章　和谐邻里——培养善心

礼貌是人类共处的金钥匙。——松苏内吉

礼貌是儿童与青年应该特别小心地养成习惯的第一件大事。——约翰·洛克

第一节　礼貌待人，主动沟通

【理论小提示】

良好的邻里关系可以为人们提供一个舒适、温馨的生活环境，建立和谐的邻里关系，关键在于主动地沟通和交流。现代社会邻里之间亲密关系的缺失使儿童体会不到和同伴交往的乐趣，体会不到邻里互助的和谐，变得孤独，不善交往。而社区是让孩子学习人际交往的重要场所，因此我们要培养孩子与邻居交往的能力。让孩子学会怎样与人交往，学会怎样做事，可以帮助孩子适应社会，了解人与人、人与社会之间的关系。

【案例阐述】

乐乐的变化

我的儿子乐乐，现在2岁7个月，是个活泼、可爱的小家伙儿。他一岁半左右的时候，乐乐爸爸比较忙，经常出差，到了周末，就想宅在家里休息休息。我也在忙于博士论文的撰写工作，时间安排得非常紧张，这样我们对乐乐就有些忽略了。

有几次，我跟婆婆一起带乐乐出去玩儿，发现了一个问题，小家伙好像不太愿意跟别的小朋友打交道，小区里其他大人逗他，他也不愿意理，显得很不礼貌。并且还很胆小，一群小朋友在一起玩玩具，尽管他很感兴趣，但他也不敢上前去摸，总是怯生生地躲在大人旁边。看到这种情况后我很担心，乐乐爸爸回来后，我俩就开始分析造成这种现象的原因，可能是我们忙于工作和学习，没有有意识地培养乐乐与别人交往的能力。

找到问题的根源以后，我们打算从身边小事做起，逐渐培养乐乐的交往能力。第一步就是多带乐乐跟社区的邻居们接触。我们和乐乐散步碰到邻居时，我们就主动、热情地跟邻居打招呼，致以问候，有时候在一起聊聊家常，我们还鼓励小乐乐喊长辈爷爷奶奶叔叔阿姨。刚开始几次，小乐乐躲在爸爸妈妈的身后，不愿意喊，我们不强求他，也从不当着别人的面批评他，只是跟他说，大家都喜欢有礼貌的孩子，见了大人要懂礼貌，要打招呼。这种情况持续了大概有一个月的时间。

有一次，我俩又带着孩子出去，看到一位邻居家的爷爷，就让乐乐喊爷爷。当时我注意到乐乐已经鼓足勇气，小嘴做出了动作，可就是声音没出来。不过我当时心里挺高兴的，小宝贝已经在努力鼓起勇气，这就是进步。

以后我们碰到邻居时就主动地打招呼，热情寒暄，小家伙儿估计也受到了感染，在我们的引导下，慢慢地开始说："叔叔阿姨好""爷爷奶奶再见"等。每到这个时候，邻居们都会特别高兴地夸奖宝宝"真是个懂礼貌的好孩子"，我们也会抓住机会好好表扬一番。小乐乐得到表扬可高兴啦，以后还没等我们提示，他就主动大声喊"阿姨好""哥哥再见"之类的话，特别招人喜欢。他有时候还会跟大人说："爷爷回来啦""阿姨下班啦""来坐电梯吧"等等，跟个小大人似的。大家要坐电梯时，他总是跑得最快，冲到电梯口为大家按开关。

乐乐爸爸经常带着小乐乐去有小孩儿的邻居家串门。最初到别人家的时候，乐乐很拘谨，吵着非要回家。乐乐爸爸就鼓励他跟别的小朋友一起玩玩具，一起做游戏。我们还经常邀请别的小朋友到我家里来玩，有时候还搞个小型的家庭聚会等，请我们的好朋友到家里做做客。慢慢地乐乐克服了害羞心理，喜欢跟小伙伴们一起玩了，玩得高兴的时候，都不愿意回家了。就这样，乐乐的社交圈子逐渐扩大，我们和邻居之间也加强了交流，增进了友谊。

后来，乐乐爸爸又想了一个好主意，他在我们社区的网上论坛里面发了一个帖子，号召大家周末的时候带着孩子到小区的操场搞联谊活动，提议举行一些小朋友之间的体育比赛，比如赛跑、踢球、踢毽子、跳绳等等，并建议大家带上比赛用具和一两件玩具。帖子发出以后，没想到响应的家庭还真不少。大家把时间约在了一个周六的上午。当时来了大概有一二十个家庭，年龄大点儿的孩子在一起比赛骑自行车、跳绳、踢毽子等等，跟乐乐年龄相仿的小朋友们在家长的引导下玩起了踢球游戏、赛跑游戏。比赛过后，大家在一起玩很多不同的玩具，小家伙儿们感到特别新鲜，甭提多高兴了。乐乐看到有这么多的哥哥姐姐、弟弟妹妹，也很兴奋，玩儿了整个上午也不嫌累。

乐乐爸爸跟我商量着，要把类似活动进行到底。这不，他还组织了一个足球队。每个周日的下午，大家在小区的操场上一起踢踢足球，锻炼锻炼身体，大家用这种方式度过了一个个愉快的周末。上个星期我们五六个家庭还结伴去了一趟国家森林公园。这些方式增进了邻居之间的交流，我们小区的邻里关系越来越和谐，孩子们之间的关系也越来越亲密。

现在乐乐进步很大，一听说要出去跟小朋友们玩，积极性特别高，拿着衣服就让大人给他穿，并且见了认识的邻居都会主动打招呼，非常有礼貌。现在小区里很多人都认识他，大家特别喜欢他，还夸乐乐是个小小社交家呢！乐乐爸爸的努力卓有成效。

【专家小贴士】

现代社会尤其是在大城市里，大家都住在钢铁混凝土制成的单元房内，一道道防盗门无形中阻碍了邻里之间的交往。再加之人们工作压力增大，生活节奏加快，大家相互之间认识、沟通、交流的机会很少。家长平时要做个有心人，从自身做起，从身边小事做起，主动沟通，礼貌待人，尊重长辈，关爱邻里，为孩子树立讲文明懂礼貌的好榜样。我们还要有意识地为孩子创造与人交往的机会，鼓励孩子们与邻居交往，让孩子体会到人际交往的乐趣。这对于培养孩子开朗活泼、积极乐观的性格，培养孩子的交际能力，帮助孩子认识社会十分有益。

【误区小警示】

父母作为孩子的第一任教师，有着责无旁贷的教育责任。孩子从呱呱坠地，眼前面对的就是人生的一张白纸，如何走好每一步，需要父母精心进行引导。但中国父母多数关注的只是孩子的健康和成绩，对于那些最基本的与人友好，关心他人，自己的事自己做，见到他人主动打招呼，见到长辈主动问好等朴素的道德准则，从不向孩子提起，甚至放纵孩子的错误。孩子是无辜的，是父母没有尽到自己的教育职责，父母不能信奉“树大自然直”的古训，这是一种失职和逃避。此外，对于道德准则，父母不但要自己做到，而且要反复教育、教导孩子熟记于心。

第二节　学会分享，体味快乐

【理论小提示】

中国现代文学家巴金说过：“生命的意义在于付出，在于给予，而不在于接受，也不在于索取。”分享是一种品质，是一种智慧，更是一种能力。与人分享快乐，就能产生双倍的快乐，与人分享痛苦，就能减轻一半的痛苦。一个乐于分享的孩子，很自然地能够交到更多的朋友，更加受欢迎，更加容易得到别人的帮助，而且他自己也更加懂得感恩，懂得珍惜，具有更快乐的心态，拥有更美丽的人生。

【案例阐述】

一起过生日

牛牛是我们的小邻居，他和我家宝宝乐乐很有缘份，两个小家伙儿的生日只差一天，乐乐比牛牛大一天；两个宝宝都姓张，宝宝的爸爸都是河南人；还有，我们都住在同一栋楼的同一层。这诸多缘分，就使得两个小家伙儿成了天然的好朋友，几乎每天都在一起玩儿。看着他们从牙牙学语，到蹒跚学步，再到可以一起比赛骑自行车，一路走来，我们两家的关系也变得亲密无间，逢年过节都会互相送上礼品，表达祝福，就像亲人一样，真是应了那句话："远亲不如近邻"。

3 月 29 日是乐乐的两周岁生日，乐乐爸爸提议说："我们今天晚上请牛牛一起来过生日吧。"我一听就很赞同，两个小家伙儿一起过生日，大人们也在一起聊聊天，多热闹啊。于是，我们提前跟牛牛一家人打好了招呼，约定一起吃晚餐给小家伙儿过生日的事情。

那天，乐乐爸爸提前下了班，把生日蛋糕拿回来，开始为两个宝宝的生日忙碌。他吹了很多气球，用绳子串起来，挂满了客厅。用彩笔在纸上画画，写字：祝乐乐、牛牛生日快乐！贴在了墙上，又把乐乐好玩的玩具都拿出来，准备让两个小家伙儿好好地高兴一下。

我和乐乐奶奶在厨房里忙乎了好一阵子，做了一桌子拿手菜。晚饭准备好后，乐乐爸爸和乐乐就去邀请牛牛一家了。牛牛的爷爷奶奶、爸爸妈妈带着牛牛一起过来了，大家在欢快、热闹的气氛中度过了晚餐时间。

要开始切蛋糕啦，两个小宝宝手拉着手，走到小桌子旁边，又一起把生日蜡烛插上，大人们让他们插上两根就够了，可是两个小家伙儿不干，把所有的蜡烛都插上了才作罢，真是逗极了。

客厅的灯关了，两位张爸爸把蜡烛点燃起来，我们大家为两位宝宝唱起了生日快乐歌，牛牛和乐乐也跟着大人唱起来"祝你生日快乐，祝你生日快乐……"看着他们憨态可掬的样子，大家笑得前俯后仰。

蛋糕切好后，我们帮乐乐、牛牛把蛋糕一块一块地递给了爷爷奶奶，然后再分给爸爸妈妈，乐乐嘴里还念叨着："一人一个，一人一个。"两个小寿星带着寿星帽，脸上抹着奶油，一会儿，牛牛跑到乐乐妈妈这儿吃一口蛋糕，一会儿，乐乐跑到牛牛爸爸那里咬一口水果，有意思极了。吃完蛋糕后，两个小家伙儿在房间里玩各种各样的玩具，还骑着玩具车在客厅里进行比赛，特别热闹。爷爷奶奶们互相拉着家常，爸爸妈妈们在一起分享着工作体会和育儿心得，其乐融融，房间里充满了欢声笑语，气氛温暖而又热烈。

不知不觉，玩到了九点多钟，牛牛一家要回去了，跟他们告别的时候，乐乐还很不情愿呢，两个小家伙儿虽然天天见面，可还是有点儿难分难舍。

乐乐那天晚上可高兴了，特别兴奋。我问他："乐乐，今天谁陪你过生日啦?""爸爸、妈妈、奶奶。""还有谁?""牛牛奶奶、牛牛爷爷、牛牛爸爸、牛牛妈妈。""还有谁?"乐乐拉长了声音，高兴地回答："还有小牛牛……"

两位小朋友分享了蛋糕，分享了玩具，分享了祝福，更分享了快乐。

【专家小贴士】

家长可以从以下几个方面培养孩子乐于分享的品质：一是为孩子营造分享的氛围。从孩子小时候起就注意培养他把好吃、好玩的东西与大家一起分享，避免孩子独占。同时家长要做与人分享的模范，经常主动关心帮助他人，为孩子树立榜样。二是引导孩子与人分享。父母在日常生活中要有意识地引导孩子，告诉孩子该怎样做。许多孩子都不愿意与人分享自己的东西，但是，却希望能够分享他人的东西。父母应该充分了解孩子希望获得他人东西的心理特征，通过移情训练，让孩子站在他人的角度去思考问题，引导孩子与他人分享自己的东西。三是多给孩子创造分享的实践机会。多给孩子创设共同分享食品、玩具等物品的情景，让孩子体会到与人分享时获得的快乐和友谊，帮助孩子形成友好、谦让的好习惯。四是在孩子有分享表现时，要多多进行肯定和鼓励，以巩固、强化孩子的良好行为。

【误区小警示】

学会分享是孩子社会化发展的一个重要内容，直接影响着孩子将来能否很好地在社会上立足。现实生活中，有许多孩子不懂得分享。他们一般都是独生子女，在家庭中拥有相对特殊的地位，从小在相对封闭的、受到严密保护的环境中成长，缺乏对他人的关心和尊重，无形中形成了自私、专横、独占等不良情感。这种以自我为中心的思想，使他们在与人相处的过程中产生了很多不必要的摩擦，形成了许多人为的烦恼。这种情感、思想成为孩子人际交往中的巨大障碍。所以，从小培养孩子学会与他人分享的意识非常重要。

第三节　乐于助人，培养同情心

【理论小提示】

印度有句谚语：“当你帮助同伴摆渡过河时，你自己也已经到达了幸福的彼岸。”如果孩子能成为博爱感恩、乐于助人的人，他会有更多的朋友，在自己需要帮助时，会得到及时的相助，他的人际关系也会变得和谐，心胸会更宽广，人生境界会更高。

【案例阐述】

助人就是助己

一个村子中的两户人家，一户和村人关系良好，邻居间甚至吃饭的时候都互相串门；另一家则有点积蓄，比村里面的人富有些，不和人打交道，而且他的亲戚有几个还在京城做官，瞧不起村里面的人。

有一次，穷户人家半夜着火，他自己睡着了，是邻居半夜起来小解发现的。邻居马上叫自己的老婆敲锣打鼓找人帮忙救火，自己亲自跑进火里面把邻居夫妇救了出来，大伙儿一起努力很快就把火扑灭了，穷户人家只受了小小的一点损失。

过了几天，富家在中午的时候着火了，他们家也敲锣打鼓找人帮忙，但是村民明明在家，都关门躲了起来，眼看富家就要被烧之一炬，先前着火的农民种田回家，马上召集村里的人帮忙救火。富家虽然损失很大，但是至少保住了部分财产。

富人对农民表示感谢，农民说："要不是我家着火那天你小儿子也来帮忙，我一定不会帮你的！"

原来那天富人的小儿子半夜起来听见叫救火，也拿了个小脸盆跟着帮忙打水，虽然他才 8 岁，根本帮不上什么忙，但是穷农也记得他的情义。事后富家像变了另外一家人似的，乐于助人，晚年过得很快乐。

如何培养助人为乐的宝宝

培养孩子助人为乐的价值观十分重要，以下是乐乐爸爸的一些小窍门。

1. 营造温馨的家庭氛围

我们家庭成员之间相处融洽，充满和气。在对乐乐的教育方面，坚持爱的教育，经常关心、鼓励乐乐，父母与乐乐建立了牢固的亲子关系，使他在爱的环境中成长。

2. 给乐乐阅读助人为乐方面的书籍

现在有很多儿童读物中有关于小朋友之间互相帮助的故事，乐乐爸爸经常给乐乐阅读这方面的书籍，讲有关的小故事，给乐乐以正面的教育和引导。

3. 安排一些小任务

有时候我们会告诉乐乐："乐乐，你的玩具狗饿了，喂它吃点儿东西吧。"乐乐真的会拿一些小饼干之类的食物放在小狗的嘴边，去喂它吃。有时候乐乐会拍着他的玩具，哄它们睡觉，这些情景对于培养孩子的爱心、同情心很有帮助。

4. 自己以身作则，做好榜样

当邻里朋友遇到困难时，乐乐爸爸总是给予他们力所能及的帮助。比如有一次，乐乐爸爸带着乐乐在小区里散步时，遇到邻居韩爷爷提着菜篮子在前面慢慢地走，十分吃力，乐乐爸爸就走上前去，主动帮老人提着菜篮子，并且和小乐乐一起，帮韩爷爷送到了家门口。

乐乐爸爸经常带着乐乐在小区操场上玩儿，见到别的小朋友不慎摔倒时，乐乐爸爸总是会走过去把小朋友搀扶起来，帮他掸掉身上的灰尘，并关切地问小朋友疼不疼，要紧不要紧等。

一个周末，我们正准备带着乐乐去公园玩儿，忽然听到门铃响，一开门，原来是邻居王奶奶。王奶奶说："小张啊，我家厨柜的拉手不知道怎么回事，卡住了，怎么拉也拉不开，你能帮我看看吗？"乐乐爸爸爽快地说："可以，没问题。走吧，王奶奶，我去您家看看。"

小乐乐听见了，也吵着要跟爸爸一起去。他们来到了王奶奶家，乐乐爸爸观察了一会儿，猜测可能是厨柜拉手里边的滚珠出了毛病。于是，就回家找了几个螺丝刀、钳子等工具，想把厨柜卸下来修理。王奶奶十分不好意思地说："大周末的，你们是不是有安排啊，要不我找个工人来修吧。"乐乐爸爸说："不要紧，王奶奶，这点小毛病，找工人修既花钱又费时间，我来给您修修就好啦。"于是，乐乐爸爸就把厨柜里的东西都拿出来，把厨柜小心地卸了下来。乐乐一向对机械、手工操作方面的东西感兴趣，看到爸爸在做这个，一下子就被吸引住了。

乐乐爸爸把厨柜卸下来之后，发现里面的滚珠果然少了一个，可是找了半天，也没找到在哪儿。小乐乐在旁边站着，也探着身子帮爸爸找滚珠儿，嘴里还念念有词："滚珠在哪儿呢，滚珠在哪儿呢？"

后来终于找到了滚珠，原来卡在厨柜的一个缝隙里面了。乐乐爸爸就在上面抹了一些润滑油，又重新把橱柜安装好了。爸爸在修理橱柜的时候，乐乐就像小帮手一样，一会儿递钳子，一会儿递螺丝刀，一会儿帮爸爸装滚珠，虽然有时候工作很不到位，甚至帮了倒忙，但是乐乐爸爸还是给予了乐乐非常热情的称赞。

前后花了大概两个多小时的时间，厨柜终于修好了。王奶奶特别高兴，连声道谢。乐乐爸爸说："不客气，王奶奶，我们年轻人帮您做点这个是应该的，您以后有什么需要帮忙的，尽管跟我说。"

乐乐爸爸和乐乐回来后，手上、身上都弄得脏乎乎的，上午的出游计划也没能实现，但是他们父子俩度过了一个非常有意义的周末。

在我们的教育、影响下，乐乐成了一位非常懂事的孩子。比如，当看到有小朋友哭了，他就会拿着手绢、纸巾给他擦眼泪。看到大人的手受伤了，就会赶紧鼓起小嘴帮大人吹吹、亲亲（平时他哪儿弄疼了，我也经常这样）。有次我拖地，不小心摔了一跤，小乐乐马上跑过来，拉着我的胳膊想把我扶起来。他经常说的话就是“我帮助你……”

【专家小贴士】

帮助别人就是帮助自己，与人方便就是与己方便。现在的孩子都在家长的精心呵护下长大，多了一分自私，少了一分爱心，多了一分冷漠，少了一分热情。这批人进入社会以后，也会使得邻里关系更加地淡漠。因此在邻居遇到困难时，家长要积极伸出援手，为邻居提供力所能及的帮助，建构融洽、和谐的邻里关系，言传身教，把孩子培养成充满爱心，助人为乐的人。

要想培养孩子富有同情心和乐于助人的品质，家长一方面要多给孩子讲道理，让孩子感悟到，帮助别人会得到大家的尊敬，教会孩子为他人着想，同时要对孩子帮助别人的行为多加鼓励，给以肯定。比如带着孩子乘坐公共汽车，当看到有老人站着，或者比自己更小的孩子没有座位时，就提示孩子主动让座；当碰到身有残疾的老人行乞时，鼓励孩子将口袋中的零用钱送到行乞者手中；有同学学习跟不上，如果自己的孩子学有余力，应该鼓励他辅导需要帮助的同学；孩子年满十八岁后，家长要鼓励他义务献血等。更重要的是，如果你希望孩子拥有仁爱的好品质，你就必须从现在开始，以身作则，注意自己的言行，给孩子树立良好的学习榜样。慢慢地，助人为乐的意识就会在孩子的头脑中形成，当他有能力为别人提供帮助时，他就会主动伸出援手。

【误区小警示】

助人为乐是一种高尚的品格。对于现在很多孩子来说，一直处于被周围的人照顾的状态，往往以自我为中心，可能根本就意识不到有什么人需要别人的帮助。或许遇到需要帮助的人时，认为与自己没有关系，很少会想到别人。这样不利于孩子的成长，不利于孩子优良品格的塑造，家长要多加教育引导。此外，人的品质养成是个潜移默化、循序渐进的过程。培养孩子的爱心，应当从娃娃抓起。父母不能认为孩子还小，什么都不懂，因而不注重培养他的爱心品质。

第四节　争当社区小主人

【理论小提士】

社区与我们的生活息息相关，因此我们要帮助孩子了解我们的社区，爱护我们的社区，建设我们的社区。帮助孩子树立社区的主人翁感，培养他们文明的行为，在他们幼小的心灵中栽下一棵热爱集体的小种子，生根发芽，从而进一步改善社会的大环境。

【案例阐述】

小事不小——学做文明好宝宝

我们在日常生活中，十分重视培养乐乐的公德意识。比如说，有时他玩玩具，会把玩具弄到地板上，发出很大的响声。碰到这种情况，我们都会心平气和地跟他讲道理："乐乐，小心一点，弄出这么大的声音，会影响楼下的爷爷奶奶休息的。"我们自己平时也很注意，尽量把电视、音响的声音调小一点，以免影响邻居休息。

我们带着乐乐在小区里散步，最初他看到花园里的小花、小草就伸手去揪。我们会跟他说："小花小草多漂亮啊，乐乐别摘了，摘了别的小朋友就没法看了，花草也会疼的。"当时小乐乐听得似懂非懂。

为了培养小乐乐爱护花草的意识，今年夏天乐乐爸爸就带着小乐乐在我们楼下小花坛的空地上种了几颗丝瓜籽，乐乐和奶奶每天都去为它浇水。终于有一天，小丝瓜发了一个小小的、嫩嫩的芽，可把乐乐高兴坏了，他有事没事就拉着大人跑到小丝瓜那儿看看。慢慢地小丝瓜长出了叶子，长出了藤，乐乐爸爸和乐乐就为它搭了一个小架子，小丝瓜就顺着架子慢慢地往上爬。整个夏天，小乐乐都兴奋于观察他的小丝瓜，天天都去看它是不是又长高了，是不是又长大了，还经常拉着他的小伙伴们一块儿欣赏，可自豪了。小乐乐跟他的小丝瓜感情很深，对花草树木也更加珍惜了。

平时，我们也经常教育乐乐注意环境卫生。乐乐很小的时候，喜欢把垃圾扔到地上，我们告诉他，要把垃圾扔到垃圾桶里，要不然地上多脏啊。我们还领着乐乐去看环卫工人打扫卫生的情景，让他知道环卫工人每天打扫卫生很辛苦，我们都要爱护环境，少制造垃圾。我们大人平时也都会把垃圾处理好，即使多走一段路，也要找到垃圾桶再扔进去。另外，我们也不从做随地吐痰等不文明的行为。

有一天，乐乐爸爸带着乐乐散步，发现小区有一堵靠近马路的墙倾斜得十分严重。乐乐爸爸告诉乐乐："乐乐，看到这个墙了吗？快倒了，很危险，我们千万不要靠近。"但是乐乐爸爸发现，这堵墙前面就是个公交车站牌，虽然墙边摆的有提示牌，但是大家都忙着赶公交车，很多人并没有注意到这个提示牌，也没有注意到墙快倒了。第二天张爸爸再经过时，发现提示牌也不见了，这可怎么办呢？要是墙倒下来，砸伤路人，可不得了。张爸爸就通过 114 找到街道办事处的电话，跟他们反映了这件事情，并提出希望能尽快消除安全隐患，以免造成伤人事件。街道办事处得知这件事情后，及时地联络、督促相关责任人，很快就把墙修好了，我们这才放下心来。

现在乐乐在我们的影响下，很有公德心，有社区主人翁的意识，他还喜欢处处监督别人，提醒别人不要乱扔垃圾，简直成了一个维护环境卫生的社区小警察。

【专家小贴士】

我爱我家，爱护周围环境就是爱护自己。首先，父母要让孩子知道公物、公共环境是大家的，不能独自占有，更不能随意损坏，帮助孩子树立爱护公物、爱护环境的观念。其次，对于孩子来说，日常生活就是他学习和成长的重要时刻，教育孩子爱护环境要从件件小事做起。父母要善于抓住教育契机，随时随地对孩子进行教育，随时留心与孩子相处时，是否给予孩子积极、正面的影响。第三，父母要鼓励孩子多参与社区的绿化和维护活动，增强孩子对社区的归属感、主人翁感和责任感。第四，当孩子做出一些破坏行为时，父母应提醒他们这样做的坏处，但切忌当着众人指责，以免损伤孩子的自尊心。当孩子自己主动做一些有利社区的事情时，父母应给以称赞，强化其正面行为，把孩子培养成一位有公德心的现代社会文明人。

【误区小警示】

有的家长只注意孩子是否吃饱穿暖，是否取得好的学习成绩，对孩子的环境教育缺失，认为孩子乱扔垃圾、随地吐痰、破坏花草等行为都是小事情，不必进行纠正，这种想法是错误的。因为一个人的环境意识标志着其文明程度，爱护环境等行为习惯的培养也很重要。有的家长对孩子的环境教育不能做到持之以恒，前后标准不一，想管的时候管一管，想不起来就放任自流，这也是不可取的。培养孩子爱护环境的意识是一项长期任务，不可能在朝夕之间完成，光靠说教也是不行的。父母要做教育子女的有心人，要有耐心，从细处着眼，从孩子心灵感触入手，做到坚持不懈，为孩子的社会发展做好领路人。

第三部分　集体责任感

卷　首　语

小孩善于在集体中处事为人，是家长的欣慰。因此，培养小孩善于在集体中处事为人，是父亲的责任。因为人的生活是离不开集体的，集体是个人生存的家园。人要在集体中生活得高质量，有尊严，必须从小培养他们具有集体生活的良好素质。集体生活的良好素质，有很多方面，最主要的是要有宽广的心胸，有对他人的关爱之心，有对集体财物的爱惜之心，还要有遵守集体生活规矩的自觉性。

第一章　志高胸阔——培养宽广胸怀

世界上最宽广的是大海，比大海更宽广的是天空，比天空更宽广的是人的胸怀。

——雨果

君子坦荡荡，小人常戚戚。

——孔子

所谓完善的人，就是心胸宽广，富有献身和牺牲精神，誓为全人类的幸福而努力奋斗的人。

——塞德兹

化敌为友者的广阔胸怀，能承担整个世界。

——瓦鲁瓦尔

一个人的胸怀能容得下多少人，就能赢得多少人。

——一凡

第一节　志高胸阔

【理论小提示】

胸怀通常有两个含义。一是气魄，一是气量。气魄大，就是胸怀宽广，就是志向非凡。气量是容纳不同意见的度量，也是容忍谦让的限度。气量大，就是海纳百川，包容天下。因此，胸怀是人的格调品位的重要体现，具有宽广胸怀的人就是人格品位高尚的人。

志高胸阔是一种心态，是对事业的一种气吞山河的态度，是对人、对生活的一种包容忍让的态度。从更深层次看，志高胸阔是一种处事的思维方式，是一种处世的思维习惯。具备宽广心胸的人，能够让人生更有价值，能够使生活更加幸福。

【案例阐述】

康熙胸怀天下服

康熙皇帝是中国古代最有作为的帝王之一，对中国历史发展作出了重要贡献。在他的统治下，清朝进入了全盛时期。因为康熙是满族人，在他即位的时候，很多汉人仍然思念明朝统治，反清情绪高涨。面对这种状况，康熙以其宽广的胸怀和卓越的政治才能，逐步获得全国人民的信任，使天下归心。

公元1669年，年仅16岁刚刚亲政不久的康熙就采纳汉官的建议，去太学祭拜孔子。此前，历代帝王祭拜孔子，一般都是执学生礼，至多两拜九叩。但康熙不顾大臣阻拦，执意执臣礼，三拜九叩。之后，康熙又提出尊孔崇儒，以儒家思想治理天下。作为一个统治者，学习另外一个民族的文化并不难，但向一个刚刚被自己打败的民族学习，并运用对方民族的文化精髓来治理国家，就非常不容易，这充分显示出康熙胸怀的宽广。康熙的这一举措，拉近了与汉人、尤其是中原文化人的心理距离，让汉人在心理上认同了清朝统治。

清朝统治初期，社会一直处在不安定的状态中，明朝遗民问题是一个十分重要的因素。很多明朝遗民眷恋故国，心怀恢复理想，对清朝的统治采取不合作甚至敌对的态度。在明朝遗民问题的处理上，康熙再次向世人显示了其宽广的胸怀。康熙十八年（1679年），他决定开设“博学鸿儒科”，由各地州府从那些不愿意参加科考的明朝遗老和硕儒中推荐182人参加“博学鸿儒科”考试。但很多人对此并不买账，告老、称病、规避的有40多人。康熙虽让人采取了很多手段，仍有顾炎武等3人坚决不肯参加考试。对他们，康熙表示了足够的尊重，让人放他们回去，并且不为难他们。在参加考试的179人中，有些人出现漏字、错字、押错韵的情况，还有人漏做题目，更有人在文中称大清国为“清夷”。对这些人，有些官员建议严加惩处甚至杀头，但康熙没有同意，他认为在文中称大清国为“清夷”的，应是无心之失，不应追究。漏做题目的，显然是对这次考试的软抗，康熙也表示了理解。最难处理的是那些在诗中出现漏字、错字、押错韵的人，如不录用，百姓会笑话康熙不识英才；如果录用，又被“鸿儒”们笑话没才学，连简单的毛病都看不出来。康熙经过反复思量，最终让人把试卷上的毛病一一改正后发还给大家，所有参试的179人全部录用。之后，康熙又从参加“博学鸿儒科”考试的人中挑选一些特别出色的人来编写《明史》，并且告诉他们不要有什么顾忌，只管写出真实的历史。康熙这种宽广的胸怀让很多人折服，从而真心实意地为清政府做事。

在收复台湾的过程中，康熙又一次显示出其博大的胸怀。在武力进攻台湾前，清政府先后九次和台湾郑氏政权进行谈判，试图和平收复台湾。谈判过程中，清政府一再让步，给予郑氏政权很多优厚条件，却仍然以失败告终。但九次和谈与清政府的一再让步，也让很多台湾官兵看到了康熙宽广的胸怀和收复台湾的决心，继而纷纷向清政府投降。康熙要求，对所有来降者，一律给予优厚待遇。九次和谈失败后，康熙起用台湾降将施琅武力收复台湾。康熙知道，在台湾，很多人和施琅有仇，他生怕施琅会因报复仇人而连累无辜，因而在施琅临行前特意交待施琅只可报恩，不可报仇。最终，在康熙宽广的胸怀感召下和强大武力的攻击下，台湾郑氏政权放弃了抵抗，宣布降归清朝。

六尺巷里话谦让

清朝时，安徽桐城有个著名的家族，父子两代为相，权势显赫。这就是张英、张廷玉父子的张氏家族。

清康熙年间，张英在朝廷当文华殿大学士、礼部尚书。老家桐城的老宅与吴家为邻，两家府邸之间有个空地，供双方来往交通使用。后来邻居吴家建房，要占用这个通道，张家不同意。双方争执不下，将官司打到了县衙门。县官考虑纠纷双方都是官位显赫的名门望族，不敢轻易断案。

张家人为了赢得官司，便写了一封信给在京城当大官的张英，指望张英出面，干预此事。张英收到信件后，认为邻里之间应该谦让，于是给家里回信写了四句话：

千里来书只为墙，

让他三尺又何妨？
万里长城今犹在，
不见当年秦始皇。

张家人看到信，明白张英是想告诉家人不要争执，应当谦让，于是就主动让出三尺空地。吴家看到张家主动谦让，深受感动，也自觉让出了三尺房基地。这样就形成了一个六尺宽的巷子。从此，“六尺巷”便被传为佳话。

【专家小贴士】

作为一个政治家，仅有治理才能远远不够，还要有宏大的心胸。有多大的胸襟，才有多大的成就。缺少宽广胸怀的政治家，可以取得一时成就，却很难成就千古伟业。

大凡成大事、立大功者均能忍常人之所不能忍，容常人之所不能容。作为一个卓越的政治家，康熙拥有了常人难以拥有的宽广胸怀，而他宽广的胸怀来源于他心系黎明百姓的安危与幸福，站在百姓的立场考虑问题。站在百姓的立场考虑问题，处理问题就自然不会局限于一己私念，而是胸怀天下了，于是成就他“千古一帝”的伟业。

经过身居高位的张英指点，张、吴两家才能够相互礼让，“六尺巷”因此便成为不仗权势礼让他人的美谈。这说明一个人如果拥有宽广的胸襟，就意味着能够很好地处理人与人之间的利益关系；拥有了宽广的胸怀，心灵犹如有了源头活水，能够超然于名利、物质纷争之外，获得格外的宁静。雨果曾说过：“比大地更宽广的是海洋，比海洋更宽广的是天空，比天空更宽广的是人的胸怀。”雨果用大地、海洋、天空与胸怀进行比喻，说明了人的心胸可以最为宽广，唯其宽广，所以便有谦让、包容。胸怀是品位，包容是智慧。宽广的包容胸怀能够书写人生辉煌。

【误区小警示】

古今中外成大事业者，必有大志；有大志者，必有大胸怀。作为父亲，应当给小孩经常性的启示。如果只满足于孩子吃好、喝好、玩好，小孩往往计较琐碎小事，而难以养成宽广的胸怀。

胸怀不是天生的，它是环境和教育的产物。独生子女家庭里，孩子往往处于独特地位，极易造成胸怀上的缺陷，容易形成自私、狭隘的心胸。

集体环境是宽广心胸塑造的摇篮。家长不但不能把孩子完全圈在家里，限制和别人接触，而且应当经常督促、指导孩子更多地接触他人，融入集体，与社会交往，在大环境中培养小孩成就大事的胸怀。家长还要设法教育引导小孩关心、热爱集体，积极参加集体活动，为集体出力，以自己的才华为集体增光添彩。遇到个人利益和集体利益互相矛盾的时候，个人利益服从集体利益。心中有了他人、有了集体、有了祖国，他的胸怀就会变得越来越宽广。

父亲要想培养心胸宽广的孩子，首先必须心胸宽广，有气量，并身体力行，树立好榜样，以此影响孩子。一个自私狭隘、心比针眼小的人，遇到芝麻大的小利，非得斤斤计较，甚至破口大骂，恶语伤人，这样的家长是培养不出心胸开阔的孩子的。其次，父亲应当注重平时的教育引导。可以向孩子讲有关培养宽广胸怀方面的故事。如汉代大将韩信虽受胯下之辱，挂帅后却不记前仇，反而提升那个侮辱过他的人。如飞将军李广杀曾奉命不让他的部队过路的下级军官的反面教训。还可以为孩子采撷格言警句，如“与人当宽、自处当严”；“人之有技，若己有之；人之彦圣，其心好之”（意思是说，别人有了本领，就像自己有本领一样；别人有才能，有崇高的道德，就从内心喜欢他）；“君子成人之美，不成人之恶”；林则徐的“海纳百川，有容乃大”（应像大海容纳百条江河一样容人）；高尔基说的“永远要愉快地多给别人，少从别人那里获取”等等。既有言传又有身教，宽阔的胸怀就不怕培养不起来。

第二节　宽容待人

【理论小提示】

宽容就是宽恕容忍。宽容心对于孩子个性的发展，以及良好人际关系的建立，都具有非常重要的意义。富有宽容心的孩子往往心地善良，不计较小事，惹人喜爱，善与人相处，受人拥护。而缺乏宽容心的孩子，往往心胸狭窄，吹毛求疵，性情怪诞，不易与人亲近。

我国自古以来就很重视培养人的宽容品质。孔子说，一个真正的人要有宽容、恭敬、诚信、灵敏、慷慨五德，并把宽容放在五德之首。

【案例阐述】

轻轻捂一下挨打的脸

2009 年 4 月 2 日，南非世界杯足球预选赛赛场上，大名鼎鼎的欧洲劲旅德国队与威尔士队进行了一场激烈对抗。当比赛进行到下半场第 38 分钟时，场上出现了令人目瞪口呆的一幕：德国队队长、中场大将巴拉克被本队年轻的前锋波多尔斯基甩了一耳光。原因是在一次防守结束后，巴拉克批评波多尔斯基在防守中不够积极。年轻气盛的波多尔斯基当时正为自己没有进球而郁闷不已，冲动之下便抬手给了这位在德国足坛上功勋卓著的名将一个耳光。队友和观众都认为巴拉克在大庭广众之下肯定难以忍受这样的奇耻大辱。但巴拉克却只是捂了一下被打的脸颊，又迅速投入到比赛当中。最终德国队以 2:0 力克威尔士队，为进军南非世界杯迈出了坚实的一步。巴拉克在这一耳光事件上的表现赢得了媒体和世界球迷的一致赞许。作为德国队的领军人物，巴拉克在遭受羞辱时所表现出的大将风度，为年轻球员作出了表率。面对巴拉克的宽容，波多尔斯基深感惭愧，他说："我是一个白痴，巴拉克是我永远的偶像。"

回踩一脚与球场断臂

子博平时是一个很听话的孩子，自己从来不违反纪律，也不欺负其他同学。还经常充当"打抱不平"的角色，发现一点小事，就去找老师告状："老师，朋朋欺负张凡了""老师，邓義刚才撞倒姗姗了""老师，巧巧把水彩墨水撒到高明的书上了"。

一天，同学们正在玩游戏，忽然，兴涛不小心踩了子博一脚。看到刚买的白球鞋上有了一个大大的黑脚印，子博生气地跑到兴涛的身旁，狠狠地踩回他一脚。然后还到老师那里告状，说兴涛踩他了。老师觉得奇怪，兴涛踩了子博，子博踩回人家一脚了，为什么还告状呢？难道子博认为自己踩对了？于是老师问："子博，兴涛踩了你，要是有意的，肯定不对，我得批评他。要是不小心，那就可以原谅他，告诉他今后小心。那你为什么要踩他呢？你踩他可是有意的呀？你这不是也不对吗?"子博理直气壮地回答老师说："老师，我爸爸说了，不能受别人的欺负，别人欺负我，我就要反击他。兴涛踩了我，我当然也要踩他。"听到子博的回答，老师深感父亲对孩子起到了负面引导作用。

另一个案例是付出了生命代价的极端例子。2011 年 10 月 8 日下午 6 时，某省实验中学高三学生 A 到体育场打篮球，与在同一个球场的另一所中学的 B 学生发生争执，继而扭打起来。事后不久，A 的父母带领四十余人冲进球场殴打 B，B 双手被砍断，随后被送往医院。10 月 9 日上午 6 时，B 的手接上了，半小时之后出现吐血症状，10 时，B 因伤势过重不治身亡。

10 月 9 日中午，B 的一位亲戚谈到事件发生的背景时说："B 当时也不冷静，两人动了手，但都没受伤。之后 A 就说他家长要来解决这个事。"A 的父亲扬言"打残了也能摆平"。这位"威风凛凛"的家长亲自为儿子做"榜样"，最终断送了一个高中生的性命。

【专家小贴士】

队友之间的内讧导致团队战斗力锐减甚至赛事惨败的事例，在世界体育竞技场上屡见不鲜。巴拉克作为队长，自己带的队员却打了自己耳光，可以被认为是"不和谐"团队。这样的团队，如果战斗力差、输掉比赛，应当说是情理之中的事。但是，这次比赛却获得了胜利。为什么？原因就在于队长的宽容。

宽容是一种美德。宽容能使人消除许多无谓的矛盾，化干戈为玉帛。宽容的人，时时处处都会受到人们的拥戴，因为他能够处理好各种人际关系，能够很快地适应各种不同的环境，能够融洽地与人合作，充分发挥自己的潜能。

每个人都有自己心中的舞台，你的胸襟有多广，你的舞台便有多大，你的成功便有多大。

教育家马卡连柯曾指出，父母在开始教育自己的子女之前，首先应当检点自身行为。家长要让孩子学会宽容，首先自己应有宽容的品质。子博对同学踩自己的脚十分计较，与父亲的不适当的教育密切相关。子博从父亲那里片面地学到了“公平”意识，于是，看到一点他认为“不公平”的小事就向老师告状，自己遇到了“不公平”，自然就更加不会轻易放过了。球场命案则更加表明家长在孩子教育中的胸怀教育的重要性。孩子与他人争执，便向家长报告，家长不但不劝慰孩子宽以待人，反而亲自操戈，大打出手，残忍地砍断高中学生的双手，最终断送了年轻人的性命。这充分证明家长不能容忍任何人和事，其心胸狭隘发展到了惨无人道的地步。

【误区小警示】

打人，虽然不可理喻，但它是日常生活中并不少见的事。这种行为与人的心胸相关。可以说，打人是心胸狭窄的一种极端反映。并不排除，打人是因为被打者存在某些问题，但是，并不能因此成为打人的理由。在这一类问题上，作为父亲，有责任教育孩子，运用正确手段解决问题。如果的确是对方的不对，首先应当宽容对方，或者指出对方的不对。如果是因为自身的不是，引起了与对方的纠纷，那就应当在自己身上找原因，克服自身毛病。总之，不能采取过激手段处理人与人之间的关系。在人与人之间的口角中，一方的话语，往往是激怒另一方的导火索。这时，宽容显得特别重要。所谓“相骂无好言”，有些言语，并不一定真的就是像说的那么严重。宽容一点，忍耐一点，大事就能化小，小事就能化了。朋友就会更多，生活的路就会更广。

父亲很关注树立孩子的社会威信，防止不正当威胁，这是可以理解的。但是，如何树立孩子的社会威信，必须有正确的引导。通过挑剔他人的毛病显示自己能干来树立社会威信，或者通过以势压人来展示自己的社会威信，都是不可取的。应当宽容他人的缺点，包容他人的不足，可以通过适当的方式与他人沟通彼此的误会，处理彼此的争端。通过自己的宽容大度，营造和谐友善的生活环境，这样，孩子的社会威信自然也就树立起来。

第三节　接纳之心

【理论小提示】

接纳，就社会意义上说，就是接受他人到一个群体之中。或者，在心理意义上，接受他人的观点。在人生历程中，接受他人，尤其是接受异己。接受不同观点，尤其是与自己相左的观点，是很不容易做到的。唯其难，所以，每每有贤哲训导。庄子说："圣人应有包容天地，遍及天下的宽阔胸怀。"林则徐说："海纳百川、有容乃大。"一个善于接纳的人，他的胸怀才会像海一样宽广。

【案例阐述】

"二老板"的身份变化

京佐的学校设在城乡结合部。班上的同学家境差别比较大。京佐的父亲是一个做地下管道维修工作的。上学时，父亲总是用电动摩托带着他。由于父亲很聪明，他的摩托改装得很好看，能遮风避雨。同班的富添同学，父亲的生意做得比较大，汽车也比较豪华，富添坐着汽车上学，很自豪，并且时不时嘲笑京佐，也嘲笑班上其他家境并不富裕的孩子。这样，班上贫穷的孩子叫他"二老板"，也不怎么跟他玩在一块。事实上将"二老板"孤立起来了。一天下雨，京佐的父亲照常开着摩托去接他回家。当京佐父亲打伞来到学校门口时，"二老板"正在教室门口四处张望着，因为他没有带雨伞。他的父亲出差不在家，没有人来送伞，也没有人来接他。

京佐的父亲见到了"二老板"，马上朝那边走过去，准备接他一路坐摩托回家。京佐赶紧拉住爸爸的衣角，轻声说："爸爸，别理那个同学，他老欺负我们。"爸爸并没有理京佐，还是将伞递给了"二老板"，并引他坐上了改装精致的摩托篷车。

过了一些日子，京佐跟父亲说，他们班上的“二老板”现在对他很好，很礼貌，再也没有嘲笑贫穷的同学。有一次，还请了几个“打工仔”的小孩到他家院子里学习、玩耍。京佐的父亲笑着说：“儿子，如果下次还下大雨，你同意爸爸再接那个同学吗?”“我同意接，因为他现在对我们很好了。”京佐说。“这就对了！人家对你们不好的时候，你们不要计较，要对他一样好，这样你们就会慢慢相处得更好的。”父亲说：“既然他现在对大家很好，你们就不要再叫他‘二老板’了。”

接纳乔布斯创造奇迹

2011 年 10 月，世界信息产业领域陨落了一颗巨星——乔布斯。因为乔布斯为苹果公司创造了一个又一个奇迹，使该公司成为世界最具实力的电子公司。就在人们悼念乔布斯的时候，人们搜索着公司发展的一幕幕历史，追忆着乔布斯的神奇。这其中，最令人感念的是公司对乔布斯的接纳。

乔布斯出生后不久，由养父母抚养成长。进了大学，乔布斯觉得花费父母太多的钱求学而难以回报父母，深感不安，于是退学自谋职业。尽管美国是一个很富有的国家，但是，其就业体制主要是依靠个人实力，没有组织的推荐关照，找到工作并养家糊口并非很容易的事情。他起先寄居在同学朋友那里，没有床板便睡地铺。经过一段时间的筹备，他在一个汽车棚里设立了苹果公司。通过努力奋斗，公司得到了很好的发展，事业的成功以及对新的目标的追求，狂热与忧虑交织在一起，使他的脾气变得暴躁，性格变得古怪，并且引起了众人对他的不满。迫于众人的挤兑，乔布斯不得不离开公司。当然，关于乔布斯的离开还有另外的说法：那是因为乔布斯经营理念与当时大多数管理人员不同（他那时的为人不行），加上蓝色巨人 IBM 公司也开始醒悟过来，也推出了个人电脑，抢占大片市场，使得乔布斯新开发出的电脑节节惨败。总经理和董事们便把这一失败归罪于董事长乔布斯，于 1985 年 4 月经由董事会决议撤销了他的经营大权。乔布斯几次想夺回权力均未成功，便在 1985 年 9 月 17 日愤而辞去苹果公司董事长。

没想到，苹果公司在乔布斯离开后，积淀的技术逐渐用尽，市场份额越来越少，苹果公司面临着巨大生存危机。在这种情况下，公司毅然决定，重新接纳乔布斯，真诚欢迎乔布斯重振苹果公司。乔布斯是苹果公司的创始人，个人电脑黄金时代的缔造者。但从 1985 年到 1996 年年底，在将近 12 年的时间里，他被自己亲手创建的公司抛弃，与苹果断绝了关系。乔布斯离开公司之后，深感一个人脱离集体，尤其是脱离具有相当实力的发展平台之后，发展能力受到很多限制，事业极其艰难。在得到公司重新邀请之后，乔布斯对自己原来之所以被迫离开公司的问题进行深刻的反思，认识到做人要处处谦和谨慎，说话彬彬有礼，尊敬领导，尊重员工，依靠大家，共同努力，开发新产品，抢占技术制高点。不到几年功夫，乔布斯领导的设计团队，成功地开发了一个又一个新产品，获得了举世公认的成就。有的粉丝在网上撰文悼念他："五十六岁年华，为何早早回家。总统盼你发展，众人邀你夜话。三一学院门前，牛顿还在树下。苹果炫动世界，谁来续写神话。"可见，人们以赞美牛顿一样，赞美乔布斯的巨大贡献。

【专家小贴士】

放学了，下雨了，回不了家，对于小学生来说是一种忧虑甚至恐慌的事情。这时最需要的是互相关心、帮助。"二老板"可能是因为家里富有，财大气粗，瞧不起很多同学。当然，在需要帮助的时候，同学们就不太愿意帮助他。京佐的父亲，不顾小孩的反对，给了"二老板"关心，也就是接纳了这位高傲的富家子弟。事实上是在实际生活中教育了自己的孩子，如何宽容人家。这种行为，也给富家子弟实质性教育。那就是，最富有的人家也是需要他人关心帮助的。事情虽小，大家都受到了很好的教育，并且效果很好。

乔布斯，作为苹果公司的创始人，取得了阶段性成功之后，开始狂傲起来，引起了公司的反感，并被迫离开公司。这说明，此人至少在当时确实存在不少无法原谅的问题。但是，后来因为公司实际上存在困境，领导和专家并不计较乔布斯的个人缺点和问题，而是以宽大的胸怀主动真诚地请他重返公司。这种接纳体现了决策者的大度，这种接纳，激发了天才的创造力，这种接纳，成就了苹果公司影响世界的辉煌。接纳就是成就。

【误区小警示】

父亲接受什么样的人，肯定什么样的人，赞许什么样的人，在孩子心灵上会留下印记的。因此，不管是父亲主动接触人，还是被动接触人，包容他人，接纳他人，这是对孩子的引导和示范。作为父亲，只要有海纳百川的气度，就会有接纳众人的行为。这样，孩子就会从中学到接纳他人的经验，学到与不同层次、不同兴趣爱好，甚至不同品质的人和谐相处的智慧。接纳，是社会交往的重要方式，接纳是增强群体力量，促进事业成功的重要需求。

接纳异己，尤其是接纳被单位集体否定的人，确实很困难。这种情况下，决策者的胸怀气度十分重要。首先要敢于承受非议，因为原来的否定者并不一定能够足够理解其做法究竟是出以公心还是处于个人的私利。其次，要敢于承担继续失败的风险，因为尽管认为重新接纳是有很多理由的，但是并不能保证百分之百的成功率。一担接纳有争议的人遭到失败，这种个人压力是很难抵挡的。因此，接纳是一个决策者的胸怀的体现。凡成就大业者敢于接纳有争议的人，是气度，也是成功的前提。

第二章　学会自我管理——培养规矩之心

真正的教育是自我教育。——苏霍姆林斯基

第一节　做自己情绪的主人

【理论小提示】

关于情绪的定义历来没有定论，我们选取了两种较普遍的说法和各位家长分享：情绪是个体对外界刺激的主观的有意识的体验和感受，具有心理和生理反应的特征。美国哈佛大学心理学教授丹尼尔·戈尔曼认为："情绪意指情感及其独特的思想、心理和生理状态，以及一系列行动的倾向。"

可见，不仅情绪是一种心理反应，而且人们可以通过情绪组织、调节自己的行为。学会控制自己的情绪，对于每个人而言都是相当重要的，它是我们成功的前提，更是我们身心健康的保证。对于儿童来说，情绪也会影响儿童对社会的认知，影响他怎么看社会环境，同时情绪还可以引发、保持或减弱其他行为或心理过程。

孩子在成长过程中，各方面都很不成熟，遇到不顺心的事情时，总会表现出情绪不稳定，会大喜大悲，会焦躁不安。而善于管理自己情绪的孩子，会合理把握自己的情绪，知道应该如何控制和释放自己的情绪。

【案例阐述】

（一）

有一位脾气非常暴躁的男孩，他的父亲为了帮助孩子控制自己的情绪，想出了一个办法。

一天，父亲把男孩叫到面前，对男孩说："孩子，爸爸知道你脾气不太好，这也不是你希望的。但是，脾气不好会影响到别人。这样吧，从今天开始，你感到自己要发火的时候，就在后院的围篱上钉个钉子。"然后，父亲给了小男孩一袋钉子。

第一天，这个男孩钉下了 37 根钉子。一周后，围篱上钉上了许多钉子。父亲指着围篱对男孩说："孩子，你看到自己的坏脾气了吗?"男孩不好意思地低下了头。父亲说："从现在开始，如果你一天不发脾气，你就从围篱上拔下一个钉子。"

第一天，男孩坚持不住还是发了火。第二天，男孩居然真的没发火。这周内，男孩居然有三天没发火。一个月后，围篱上的钉子都被拔掉了。

父亲又把孩子叫到了围篱前，对他说："孩子，现在你已经学会了控制自己的脾气，这非常好。你看看，以前你发脾气钉下的钉子虽然被你拔掉了。但是，痕迹还在，这些围篱将永远不能恢复成从前的模样。这说明你每次发完脾气之后，会给他人带来不可磨灭的伤害。"

男孩惭愧地笑了笑。从此以后，男孩很少再发脾气了。

（二）

在艾森豪威尔 10 岁时，他父母让他的两个哥哥在圣诞节前去远足，却坚决不同意他去。艾森豪威尔感到十分愤怒，他冲到屋外，握紧拳头在苹果树上猛击。他一面哭一面打，双拳血肉模糊都没感觉到。最后，艾森豪威尔被父亲拖回家中，但是，父亲并没有呵斥他。

这时，母亲进来给他涂上止痛药，并扎上绷带，但是，母亲也没有安慰他。

又恨又怒的艾森豪威尔倒在床上大哭了一个小时。直到他平静后，母亲才进来对他说："能控制自己情绪的人要比能拿下一座城市的人更伟大。发怒是自我毁伤，是毫无用处的，需要好好克服。"

母亲的告诫深深地印在了艾森豪威尔的心中。在76岁时，艾森豪威尔写道："我一直回想起那一次谈话，把它看作是我一生中最珍贵的时刻之一。"

（三）

小军今年7岁半，读小学一年级，学习成绩中上水平，但他在班上是个不受欢迎的同学。因为他在课间和同学玩耍时，遇到不开心的事情就老是发脾气，还经常动手打人。小军自己也很苦恼，他跟妈妈说自己很想做个好孩子、想当班干部，但就是无法控制自己的情绪。

后来在和小军妈妈的交谈中了解到，小军父亲脾气比较暴躁，在教育孩子的过程中，动辄发火，发火时动不动就打孩子。记得小军有一年生日许的愿望就是"我做爸爸的时候不打儿子"。现在小军妈妈辞退工作，专职在家照顾小军，但她不知道现在该怎样着手，一步步让孩子学会控制住自己的脾气。

【专家小贴士】

每个社会都有一定的情绪表现法则，儿童都是通过观察和模仿成人获得这些法则的。成人的情绪是儿童情绪表现方式中最直接、最重要的模板。儿童的情绪学习随儿童自我意识及社会活动的增加，会做出适宜的调整与重塑。如果这种内在与外界、外界与外界模式之间的冲突太过强烈，儿童情绪平衡就会受到强烈的冲击，以至无法得到较好的整合及稳固，对其社会适应及人际关系都有很大的影响。钉钉子男孩的父亲和艾森豪威尔的父母在面对孩子的问题时表现出的平和的情绪，实际上为他们的孩子提供了很好的情绪模版。而小军周围的好孩子、班干部的情绪模版与他父亲的情绪模版之间发生了激烈的冲突，导致了小军的痛苦。

父母只有让孩子学会管理自己的情绪，才能逐步纠正孩子发火、骂人、说脏话等不良习惯。如何帮助孩子管理自己的情绪？首先，父亲要控制自己的情绪，为孩子建立健康的情绪模版。其次，要让孩子懂得体察自已的情绪。也就是，时时提醒孩子：“你现在开心呢？还是生气？”例如：当孩子因为与同学冲突而不开心时，问问孩子：“是因为什么事发生冲突？这件事发生时你的感觉为什么这么难过、生气？那么怎样才能让自己开心起来？”再次，让孩子学会适当表达自己的情绪。当孩子生气时，爸爸可以婉转地告诉他：“你不开心，可以告诉爸爸发生了什么事，爸爸可以帮你的。”让孩子用诉说的方式表达自己的情绪。最后，父母要让孩子以适宜的方式舒解情绪。比如允许孩子痛哭一场、讲故事、听音乐、散步或与孩子做一些游戏。

另外，父亲要注意培养孩子乐观的性格和幽默感，等等。

【误区小警示】

“父母不能控制自已的情绪，才会将事情搞糟。”误区一：在教育的过程中，很多家长是带着情绪来处理孩子的问题的。这样做，非但不能真正解决问题，还会造成孩子的情绪化。

误区二：很多家长在面对孩子的负面情绪，如发脾气时，往往也不能冷静对待，而是把自己也置于孩子制造的“雷雨”之中，甚至为“雷雨”贡献“闪电”和“雷鸣”，进而爆发一场家庭战争。

为避免上述两个误区，智慧的家长应该首先核查自己的情绪状态，看自己是否有能力解决问题或帮助孩子克服负面情绪。

第二节　让孩子学会管理自己的生活

【理论小提示】

任何人都不能代替孩子成长，孩子要想健康、快乐地成长，自立是关键。自立能力也是孩子进入社会的首要能力，孩子要想取得成就，没有自立能力作为基础是不行的。可见，自立是孩子成人、成才的关键。孩子自立能力的培养，爸爸要全力配合。没有学不会自立的孩子，只有不让孩子自立的父母。爸爸不能总想着给孩子最好的照顾，而要早日放手，不给孩子依赖自己的机会，让他们运用自身的力量和智慧，解决自己面临的各种生活问题，孩子就能早日学会自立。自立的孩子会更具主动性、责任感，他们在生活中独立又自律。

【案例阐述】

（一）

乔菲的爸爸和妈妈在她很小的时候就离婚了。爸爸心里对乔菲很歉疚，总想在生活上把她照顾得好一些，什么家务事都不让她做。今年乔菲已经是初中三年级的学生了，可她很懒惰，不但不喜欢做家务，而且连自己的房间都不整理。爸爸开始为乔菲的将来担忧了。

一次在帮乔菲整理房间的时候，爸爸看见了她的作文，上面写着："记得我很小的时候，很喜欢跟在爸爸身后，帮爸爸做家务，可爸爸总嫌我碍手碍脚，每次都叫我到一边去玩。时间长了，我自己也产生了懒惰心理，现在有时爸爸要求我做家务我也不愿意去做。"

爸爸这时候才明白，是自己教育的失误导致孩子现在的状况，他想必须开始有所改变了。这天乔菲放学后，爸爸说晚上有朋友来家里做客，自己忙不过来，需要乔菲的帮助。乔菲先是一愣，然后乐滋滋地答应了，乔菲一边帮助爸爸收拾房间，准备晚上的饭菜，一边和爸爸聊天，感到很愉快。

有了这次快乐的体验，乔菲变得勤快多了，爸爸也时不时找机会寻求乔菲的"帮助"。慢慢地乔菲开始整理自己的房间，也学会了做很多家务，爸爸省心多了。

（二）

我女儿今年九岁，再开学就读四年级了。以往的每个暑假都是把她送到托管班里，这样孩子不孤单，家长也放心。

可今年的暑假女儿却强烈要求自己在家里过，不想去托管班。最初我们也很担心，一是怕她一个人在家里不安全；再就是中午饭怎么解决的问题；还有孩子一个人在家没了约束，会不会成天与电视为伴？

女儿态度很坚决，我想与其强迫她去托管班，不如尝试一下让她在这个假期中学习自我管理，从被动接受父母管束到主动安排自己的学习和生活。用一个假期的时间实现一个大的跨越，这对女儿来说无疑是个考验。

期末考试一结束，我们就建议女儿先把每天的日程安排列出一个计划表，每天都要有写暑假作业、读课外书、午睡和写一篇日记这四项内容。女儿的计划表列得很详细，连几点跳皮筋都写上了，女儿说她一定要按照计划表上的安排来执行，该干什么就干什么。

最初的几天，女儿把学习任务完成后，为了多玩会儿，把午睡也给免了，结果每天晚上吃饭的时候就哈欠连天。我跟她说，暑假除了不停止学习外，另一项重要的内容就是休整，为下一轮的学习做好体力和精神上的准备。学习、娱乐和休息三者都不能少，所以午睡也是一项重要的任务，不能省略。

又过了几天，我下班回家时总看见女儿撅着嘴、很不开心的样子，一问才知道，在跳皮筋的时间她没能找到小朋友一起跳。我开导她说，要玩得高兴也要动脑子啊，什么时间玩、玩什么、怎么玩这都要靠你自己来安排才行。找不到人跳皮筋可以玩别的啊，只要大家能在一起玩得快乐就好。

这以后，晚上下班见到女儿时，她要么在院子里丢沙包，要么和小伙伴追逐游戏，或者几个人凑在桌前下棋，总是神采飞扬的样子。

暑假已经过半，女儿学会了中午自己热饭，偶尔晚上还会帮忙淘米煮好大米绿豆粥，虽然水有点少，绿豆也有点硬，但这无疑是今年夏天我喝过的最美味的粥了。

【专家小贴士】

孩子能否管理好自己的生活，是自我管理能力中最重要的。如果孩子连自己的生活都无法管理，那么，就很难相信他会在其他方面更好地管理自己。有些时候孩子并非没有能力，只是因为在生活中，爸爸事事都替他们想到了，甚至替他们包办了，这剥夺了孩子们学习和实践的机会。我们要给孩子自由发挥的空间，只要孩子可以做的，父母就不要代办。衣服脏了，教给孩子如何去洗。孩子的房间乱了，教给他自己去整理等等。当然，爸爸要给孩子适当的指导。让孩子尽早学会管理自己的生活，培养其自立的能力，他们才能体会到自由、独立的快乐。孩子在自理的过程中习得的技能，养成的习惯，以及对自己行为负责的精神，也可以迁移到他们的学习和将来的工作中。

【误区小警示】

受中国几千年“男主外，女主内”思想的影响，有些父亲在家庭生活中当惯了“甩手掌柜”。本身生活自理能力就十分欠缺，不仅意识不到作为父亲对孩子生活自理能力的培养同样负有责任，甚至在日常生活中，衣服随处扔，袜子到处脱，给孩子带来很负面的影响。还有些父亲认为男孩子培养不培养生活自理能力不重要，重要的是将来能撑门立户就可以了。

当然，也有的父亲进入了与此相反的误区：怕累着孩子、伤着孩子、怕麻烦等而替孩子包办很多事情，抢着做一些应该孩子自己去做的事情，在无意识中剥夺了孩子锻炼的机会。

第三节　教孩子管理好自己的时间

【理论小提示】

人的生命是有限的，学会合理地管理时间就相当于延长了生命，使生命更有效率。时间管理是为提高时间的利用率和有效性，而对时间进行的合理计划与控制、有效安排与运用的管理过程。科学合理地使用时间是现代人社会性格的一个重要标志，对个体的身心健康事业发展及生活质量都有显著的影响。无数实践证明：善于管理自己的时间是成功人士的重要特征之一。孩子只有学会合理管理自己的时间，才能有条理地做事。井然有序，才能用有限的时间创造更多的价值。

因此，爸爸要教孩子学会合理掌控时间。

【案例阐述】

（一）

王晴在上三年级以前，经常是放学回家后，先看课外书或玩，到喜欢的电视开始播放了，就看电视。电视看完后吃晚饭，晚饭后做作业。这样做有两大弊端，一是当作业较多，同时身体疲劳的时候，做作业不能集中精力；二是不能促进他提高学习效率，学习效率不高。从上三年级开始，爸爸便和他协商制订了一个时间表，把学习、游戏、看电视的时间合理分配、互不冲突。爸爸要求他放学后，抓紧时间完成自己应独立完成的作业。晚饭后做余下的作业，比如听写、背诵等。晚上9点睡觉前，多余的时间可自己安排，比如看电视，上网等。而且，每星期都根据他的表现给予奖励，比如，一周内，每天表现都很棒，就在双休日带他去爬山一次。这样一来，他的积极性一下子提高了很多。渐渐地，他做事情、做作业的效率提高了，基本上每天都能有一小时左右的时间可自由支配。

（二）

陈晨在写作业时，磨磨蹭蹭、拖拖拉拉，一副心不在焉的样子，而爸爸则在一旁不断地催促，并进而开始责备他。他在爸爸的责骂声中，速度越来越慢。在他小学一二年级的时候，还能够接受爸爸坐在身边监督自己。但是大了之后，他在做作业时就关上门，爸爸只能找各种理由去查看他写作业的进展。如端杯水进去，削个苹果进去。当他对爸爸的这些举动有所警觉时，他的耳朵就会像兔耳朵一样，在他听到你有进去的动静时，就会马上摆出一副专心写作业的态势。相信这是每个家庭都会上演的故事。

【专家小贴士】

要让孩子学会管理时间，首先，父亲要强化儿童的时间价值意识，对时间的意义和价值的认识是时间管理能力培养的基础。要让孩子意识到：时间是最珍贵的资源，浪费时间是最糟糕的事，因为时间总是一去不复返。永远没有机会再去挽回。只要有待处理的事项，最正确的态度是立刻去做。

其次，父亲要帮助儿童设定明确的目标，明确的目标是对时间进行有效管理的前提。父亲可以用以下三句话帮助孩子学会自己设定明确的目标："知道自己该做什么""在多长的时间里做完"和"以最小的代价做好该做的事情"。

第三，教会儿童集中精力做正确的事。为了有效地管理时间，就应该根据价值来判断投入的时间，也就是说要区分事情的轻重缓急，把时间和精力投入到有较大意义的目标中。一般来说，做正确的事要比把事情做正确更重要。

第四，让孩子体会到学会管理时间的乐趣或者自行承担没有合理掌握时间的后果。

【误区小警示】

孩子不能有效管理好自己的时间，最主要的表现就是：拖延行为。对此，有的父亲方式比较简单粗暴，就是不停地催促，甚至打骂。要纠正儿童的拖延行为，爸爸就要找到孩子拖延的原因。有的爸爸不了解孩子，并对孩子的兴趣点不关注，因而常常让孩子做一些他没兴趣的事情。甚至有的爸爸比较专制，孩子只得服从爸爸的安排。时间一长，为了应付或反抗爸爸，孩子就养成做事拖拉的坏习惯。因此，爸爸要做个有心人，多多观察孩子的兴趣和爱好，并适当满足孩子的合理需求。

有的父亲习惯于把一个大的任务交给孩子后，便置之不理，到了规定的时间发现孩子尚未完成。研究发现造成这种现象的原因是诱因不足，孩子没有很强烈的执行意愿。父亲要创造一个更容易着手的出发点，并帮助孩子把事情分段处理，尽可能把事情分解成每天可以完成的一个小段落，然后要求孩子每天处理一部分，决不拖延。必要时父亲可以给予孩子奖励与惩罚：如果孩子能够及时去处理某一件事，甚至提前完成某一件事，就好好犒赏他；反之，若是他拖泥带水、拖拖拉拉，就给他一些惩罚。

父亲要认识到，孩子的叛逆性也可能成为他做事拖拉的一个原因。为什么要我做？为什么要照你所安排的时间去做？为什么非这样做不可？难道就不能拖延一阵子吗？难道明天再做天就会塌下来吗？这时让孩子参与到活动时间规则的制定中来就显得尤为重要。只有这样，孩子才能在平等民主的氛围下有一种参与感，体验到父母对他的尊重。而且，这样的时间计划表是真正意义上孩子自己制定的时间规则，孩子比较乐意接受。而且，制定的活动时间规则最好是具体到细节，比如什么时间起床，洗漱需要多长时间，吃饭需要多长时间，放学后做作业和看电视多长时间，几点休息等，都要严格制定，这样会对孩子起到约束和监管的作用。

第四节　让孩子善于控制自己的欲望

【理论小提示】

欲望，是人性的组成部分，是人类的本能。是人改造自己、改造世界的根本动力，也是人类进化、社会发展与历史进步的动力。但欲望也是把双刃剑，如果控制不好，超过了度，就会成为生命的负累，使人走向邪恶。因此父亲要教育子女在面对种种欲望的诱惑时，要做到“欲不逾矩，欲不损德”，要想如此，培养孩子的自控力就显得尤为重要。所谓自控力，是一种内在的心理功能。它使人能自觉地进行自我调控，控制自己的欲望和行为，使我们的活动经常处于良性运行的轨道上，从而积极、持久、稳定、有序地实现一个又一个目标。

【案例阐述】

（一）

也许父母们早就听说过著名的“糖果实验”吧？这个研究由美国心理学家沃尔特·米舍尔教授设计。在斯坦福大学的附属幼儿园，研究人员把一些4岁的孩子带进房间，把一些果汁软糖放到他们面前的桌子上。“每个人的桌子上都有两颗糖。如果你现在吃，马上可以得到一颗糖，并且只有一颗糖。如果你能坚持20分钟，等我回来后再吃，这两颗糖就都归你了。”心理学家戈尔曼说完后就出去了，留下一群4岁左右的孩子呆在房间里。

戈尔曼前脚刚踏出房间，一部分小孩就迫不及待地抓起了桌上的果汁软糖，眨眼之间糖就被他们咬到了嘴里。另有大约1/3的小孩开始坚持，但后来忍耐不住放弃等待。

另外的孩子选择了等待20分钟得到两颗糖，时间看起来是如此的漫长。为了抵制冲动和诱惑，他们有的闭上双眼，把头枕在双手里；有的在喃喃自语或者哼哼叽叽地唱歌；还有几个小朋友做起了游戏；剩下几个干脆睡着了。20分钟后，戈尔曼回到了房间，等待的孩子如愿得到了两颗糖。

实验后来一直在继续。通过跟踪这些孩子以后在社会生活中的行为表现，心理学家发现：那些在4岁左右就抵制住了糖果诱惑的孩子以后的学习成绩明显比较好，他们成为了自信、不会轻易向困难低头、适应性、独立性强的好少年；而那些在4岁时就抵制不住一颗糖的诱惑的孩子，学习成绩要落后一截，好冲动行事，遇到压力就畏缩不前，自尊心很容易受到伤害。

成年之后，有耐心的孩子在事业上也比不会等待的孩子更容易成功一些。实验也说明了一个道理，自制力等意志品质是成功者重要的心理素质。日本的教育家多湖辉就曾经回忆到，他小时候向母亲要玩具总是要耽搁一两个月，还要完成一定的工作。因此，得到的玩具总是特别的珍惜，这也逐步培养了他超人的持久力。

（二）

一对经商夫妇有一个独生女儿，父亲非常溺爱她，孩子想要什么就给她买什么。母亲因感到担忧，对父亲的做法曾表示过反对，但却遭到了父亲的责备：“我们应该培养孩子开阔的心胸。”

可是，当孩子上了中学之后，便开始变得非常喜欢赶时髦、爱打扮起来，并交上了同样爱时髦的朋友。

这时父亲才感到不对劲儿了，赶紧控制钱袋，然而已经为时太晚。没有克制力的女儿，一旦看见想要的东西就怎么也忍不住，偷偷地从父母的钱包里取钱买东西。父母发现之后，便对钱包严格管理。这下子，女孩就把家里值钱的物品拿出去变卖。因为买方是非法团伙，所以她很快就陷了进去，常常夜不归家。在初中二年级时就进入了非法团伙。父母找专家咨询，和专家配合，同心协力，开始一点点地帮助孩子培养忍耐力。不过，到孩子的状态好转过来时，已经五六年过去了。

【专家小贴士】

有人说，人最大的悲哀是不朽的灵魂拖着一个沉重的肉身。如果没有这个肉身，人的一切欲望就会停止。有人说，无欲则刚，人如果没有欲望，就没有什么东西能把它打倒，一切就完美了。但是，人不可能没有欲望，而且，当今的社会是一个不惜用种种手段来刺激孩子欲望的社会。所以，令孩子养成控制自己欲望的能力是件非常重要的事情。而这是只有在家庭里才能够完成的教育。父亲首先要知道什么对自己的孩子是有好处的，如果父母被动满足孩子的每一个要求，那么父母就会成为孩子的奴隶，即使忙得四脚朝天也不会让孩子得到一半的满足。我们应该设法让孩子懂得：诱惑无处不在，欲望随时产生，但是，世界不是以他为中心，因此，必须学会等待。父亲从孩子小时候，就该寻找合适的机会，延缓满足孩子的要求，让他学会克制自己的欲望。比如当孩子想买一样东西时，父亲可以有意识地往后推一周才满足他的要求，并提出一个小小的条件，如坚持一周自己叠被子等等。这样的做法有很多好处。首先，能锻炼孩子的耐心，让他克制自己的欲望；其次，能锻炼孩子的自理能力；第三，能让孩子明白，什么事情都是要通过努力，才能获得的，想要达到目的就要努力争取。同时，在等待的过程中，还要教会孩子一些等待的方法，如：通过游戏或其他有趣的活动来打发等待过程中的难熬时光。另外，在孩子等待的过程中，父亲要引导孩子听听内心的声音，了解一下真正想要的是什么。也许某个东西对自己来说是可有可无的。

【误区小警示】

我们经常听到中国的父亲对孩子说："我这么拼命地工作，就是为了你有更好的生活。"这无形中给孩子一个心理暗示，我的生活有父亲保证，我的欲望由父亲来满足。有很多不理性的家长，面对孩子的种种要求无原则地妥协，无休止地满足，导致生活中时常出现令人头痛的事情：不给买东西孩子就哭得死去活来。父母省吃俭用为他购置钢琴，他却恨不得砸个粉碎。这不仅没有让孩子锻炼克制自己的欲望，而且会让孩子的意志品质在无形中弱化。

第五节　培养孩子良好的学习习惯

【理论小提示】

叶圣陶先生说："什么是教育，简单一句话，就是要培养良好的习惯。"教育家洛克也说："事实上一切教育归根结底都是为了培养人的良好习惯，甚至一个人的成功往往归结于自己的好习惯。"良好的习惯一旦养成之后，很容易也很自然地就能发生作用，就会成为我们终生受用不尽的财富。乌申斯基指出："如果良好的习惯是一种道德资本，那么，在同样的程度上，坏习惯就是道德上的无法偿清的债务了。"而良好学习习惯的培养不仅要依靠老师，更要依靠家庭，尤其是父亲。

【案例阐述】

（一）

我是一个小学六年级女孩的爸爸。我女儿5岁上小学，上小学之前只上了幼儿园中班，连大班都没上就直接入了小学，没有经过学前教育。刚上小学的时候学拼音有困难，我就开始了家庭课堂的教学，孩子的困难顺利解决了，我也就从此踏上了漫长的"家课之路"。

一年级的时候，和入学同步，在校外报名参加了电子琴班，半年后又报名参加了剑桥英语班。孩子一二年级的时候，我几乎天天晚上陪着孩子练琴、学英语，有时也辅导一下功课……后来孩子年级升了，作业越来越多，晚上没有时间上“家课”了，但我们一直坚持至少在周六或周日挤出一个晚上时间用于“家课”。“家课”的范围也从单纯的英语，扩展到语文（古文经典讲解欣赏）、数学、化学、物理、生物、地理……（物理、化学等多是即兴课，比如孩子配了眼镜，我就给她上2节光学课）。我采用游戏的方式，孩子很喜欢听我的“课”。孩子不论校内、校外成绩都很好，老师夸她知识面广。我也很自豪，还到家长论坛介绍经验……

可是，慢慢地我发现孩子对我太依赖，没有自学欲望。孩子以前没学过奥数。五年级的时候，我给她买了一套奥数的书，从一年级到六年级的，我想让她把前面各年级的自行补上，孩子做一二年级的题的时候，还有新鲜感，题目也简单，就自己做了。三年级的题，有些不会做，我就用“家课时间”给她上了2节奥数课，没想到从此以后自己不做题了，有些章节是很简单的，不用我讲，她自己完全可以做到，也非得要我“上课”。英语也是这样，孩子学英语早，不到9岁就学完了剑桥少儿3级。从课外班“毕业”了，然后就不愿意上任何课外班了，让我在家里教。我教，她就学，我没时间，她就闲。反正一切都靠我，我忙她闲的时候（比如放假期间），交代她自学，她答应得很好，就是没有行动……总之，除了学校功课以外的一切需要动脑探究的课外学习，都离不开我这个“陪读”。

（二）

姜小虎今年读小学三年级。他的父亲感叹道，学习简直不是他的事，就像是我的第二职业一样：每天作业我给检查，书包我替他整理，一遇到不会的题目，自己根本不去动脑思考，只等着我来辅导。经常是上着班呢，接到他的电话，不是忘带红领巾了，就是忘拿文具盒了，要不就是忘带作业本、教材了，还有一次竟然忘带书包了……

这种状况经过半年多的时间基本上不出现了。为什么呢？他爸爸给我们讲述了其中的过程（为了行文方便，以下案例用“我”来称代姜小虎爸爸）：

有一次我偶然看到一个发生在美国的真实故事。1992年，为了激励学生多看书，佐治亚州奥古塔市的一位小学校长同全校520名学生打赌，如果学生在暑假中一共能看完4000本书，他甘愿受罚，结果学生们共看了5700本书。这正如校长所愿，他很乐意地履行打赌时的诺言，于当年10月8日在学校的屋顶上露宿了一夜。

无独有偶，1998年11月9日清晨，犹他州土尔市一位小学校长在雪地里爬行上班，以兑现自己与全校师生打赌诺言，全校师生受到莫大鼓舞。两位校长选择了自我体罚甚至难堪的践诺方式，意在最大限度地刺激“赌博”对方的意志力和履约行动。

眉头一皱，计上心来，我何不以此一试。一天晚上，我对儿子说：“孩子，咱们来打个赌吧，你有兴趣吗?”一向倔强的孩子哪能放过这样的机会。“赌什么?”他比我还急。“只要你从今天开始，自己整理书包，而且不丢三落四，坚持一个月，你可以让我干一件你认为难得住我的事情。”孩子思忖一会，爽快地点点头，“我如果做到了，你要答应我做一件事，每晚给全家做晚饭，一个月研究出一道菜，要我和妈妈都喜欢吃的。”“假如你做不到，每天看动画片的时间缩短一半。”

接下来，我们父子俩都在积极地去履行自己的诺言，我翻出家中所有的菜谱书籍，什么《厨艺绝招》《川菜大全》《民间菜做法》《家庭菜谱》等，一有时间就研究、琢磨。孩子刚开始有些不适应，也会出现忘带东西的情况。一个月以后，我的厨艺有所长进，儿子的书包也越收拾越快，越来越有条理了。为了“乘胜追击”，我半正式半玩笑地说：“我现在练好做菜的基本功，明年暑假我准备抽点时间去参加厨师培训班，到那时，咱家天天都是宴席。”

儿子不甘示弱，唯恐在我们的“赌博”中占了下风。“爸爸，从明天开始，写完作业后我自己检查，把你解放出来，好好研究菜谱。”

现在儿子的学习基本上不用我操心了，他能很主动地、自觉地完成他的学习任务，除非是实在解答不出的问题，才会来向我讨教一下。

【专家小贴士】

家庭教育是一部永远也读不完的书。有时候，一个小小的策略就有四两拨千斤的功效。一般来说，没有良好的学习习惯，就不可能有优异的学习成绩。行为心理学研究表明：21 天以上的重复会形成习惯；90 天的重复会形成稳定的习惯。案例中的第二位父亲，正是有意或无意地依据这一条规律，充分利用孩子好胜心较强的这一普遍性的特点，给他来了个反向激励，先激发了他的斗志，使之开始出现良好的学习行为，并用打赌的方式使之持续下去。时间长了习惯自然也就养成了。

案例中的第一位父亲用游戏方式陪伴孩子学习，当然是好办法。但是不必全程陪伴，更不可以陪伴到离不开的程度。这位父亲在孩子的学习过程中占领的时间和空间都太多了。这对孩子学习的主动性、创造力的发展，乃至对孩子的个性发展都不利。要给孩子学习的自由，不要代替孩子做作业或是帮助孩子检查作业，更不能包办。父母那样做，孩子就会认为那是父母的工作，孩子对学习的兴趣也会降低。父母要让孩子学会自己学习，锻炼孩子的自我管理能力。父亲也千万不要害怕自己从孩子的学习中退身出来之后，孩子也不学了，反过来再督促孩子学习。那样只会使孩子学习积极性越来越低，因为孩子会发现自己可以用退步换来很多好处。

【误区小警示】

在培养孩子良好学习习惯的过程中，父亲不能操之过急。尹建莉指出：一个孩子，只要心理正常，都有自我完善的能力。因此，父亲需要用宽容和时间来帮助孩子慢慢完善，养成良好的习惯。不能把培养习惯做成强制习惯，习惯的培养首先是基于接纳，而不是急于改造，急于改造的结果就是损害。

教育家杜威认为，习惯的养成是由于我们天性所原有的可塑性。儿童的可塑性完全不同于泥巴或蜡的可塑性，它并不是因受外来压力就改变形式的一种能力。儿童的可塑性必须以他自身从前的经验为发酵剂，经验中的成功或失败作为一种成长训练，催化儿童改变自己行为的力量。没有这种力量，获得习惯是不可能的。

第三章　乐于助人——培养爱心

慈善的行为比金钱更能解除别人的痛苦：你爱别人，别人就会爱你；你帮助别人，别人就会帮助你；你待他情同手足，他对你就会亲如父子。　——卢梭

最好的满足就是给别人以满足。　——拉布吕耶尔

不要只培养孩子的才华，更要注重培养他的品格，让他成为喜欢帮助别人的人。　——全惠星

美国密西根大学调查研究中心对2700多人进行了14年的跟踪调查，他们惊讶地发现：一个乐于助人、和他人相处融洽的人，他的寿命显著延长，在男性中尤其如此；相反，心怀恶意、损人利己且和他人相处不和睦的人，死亡率比正常人高出1.5倍。从心理角度来看，乐于助人可以激发人们对他的友爱和感激之情，他从中获得的内心温暖，缓解了他在日常生活中的焦虑。从免疫系统角度看，经常行善，气顺，性格豁达开朗，有益于人体增强免疫功能。相反，一个心怀恶意、损人利己并和他人相处不融洽的人，寿命就比较短。

第一节　好孩子心中有他人

【理论小提示】

欲助人先爱人。要让孩子乐于助人，首先要让孩子学会怎样去关爱别人。因为有了爱，才会去助，爱是助人的基本前提。要让孩子爱别人，首先要让孩子学会尊重别人，心中怀有他人。美国家庭心理学家约翰·罗斯蒙德说："孩子学会尊重他人，这是良好品德的核心。"

【案例阐述】

（一）

鲍勃以优异的成绩考上了大学，在其学校生活的每个阶段，他都是深受其他学生拥戴的学生领袖。但在他身上却丝毫不见一些佼佼者身上常见的清高、孤傲、盛气凌人，相反，他为人谦和，从内心深处尊重欣赏他身边的每一个人。一天晚上，他邀请几个朋友到他的房间里吃晚餐。在吃饭过程中，一个朋友发现了他桌子上的一个座右铭。座右铭只有三个字：我第三。这三个字被镶嵌在一个精致的框架里，朋友们觉得很奇怪，便缠着鲍勃问个不停。鲍勃无奈，只好给大家解释起来：在我离开家的前一天晚上，爸爸给了我这个精美的框架，并嘱咐我一定要将它放在我每天都能看到的地方。爸爸希望我能永远记住这句话，记住他对这句话的解释。“我的儿子，”爸爸告诉我，“什么时候都不要忘记，上帝第一，别人第二，你永远只是第三。”

（二）

邻居家的甜甜，一看到叔叔阿姨带着小朋友来家里玩，就赶快把自己的吃的和玩的东西藏起来，无论爸爸怎么讲，她都不肯拿出来与小朋友分享。常常把爸爸搞得很尴尬，她爸爸很苦恼地说：“我们作父母的都很大方，孩子怎么会这么小气呢？”

【专家小贴士】

我国有一个大山回声的故事：有个小孩对大山喊“你是个大笨蛋！”大山回应“你是个大笨蛋！”第二天孩子对大山喊“你好！”大山回应“你好！”鲍勃的爸爸虽然是个外国人，但他对孩子的教育中体现的道理和这个故事蕴含的道理是一致的。他恰到好处地教会了孩子怎样看待自己与他人的关系——不要时时以自我为中心，而要在心中留出他人的位置。实际上他人是自己的“回声”，你怎样待人，别人也怎样待你；你心中装有他人，他人心中自然也有你。

【误区小警示】

在一些家庭里，父母上班挤公交，而一旦带孩子出门就必须打的；父母舍不得吃，却要定期带孩子在馆子吃大餐；即使是在家吃饭，孩子喜欢的父母就一律不伸筷子；孩子喜欢的玩具，无论花多少钱，家长都要给孩子买。长此以往，孩子根本不懂得考虑别人的感受。实际上，反映在甜甜身上的小气，正是甜甜父母平日里对甜甜过度溺爱所致。家长应该让孩子首先从接受父母的爱、回馈父母的爱中逐渐懂得什么是爱，从而意识到自己该怎样对待他人、社会。

第二节　助人从“小”做起

【理论小提示】

助人从“小”做起中的“小”有两层含义，一是指助人的事情可以是生活中的细微小事，而并非一定是救人于危难。陈寿《三国志》中就明确说道：“勿以恶小而为之，勿以善小而不为。”二是指培养孩子乐于助人的精神要从小做起。因为研究表明：孩子在三岁以后，就具有了同情心，看到别的孩子摔倒而有痛苦的表情，就做出痛苦的反应，年龄增长，同情心逐渐增强。

【案例阐述】

小斯宾塞的父亲在谈到如何培养孩子的爱心时提到，一次小斯宾塞向我提出了这样的问题：我希望成为一个大家都尊重和喜爱的人，但你平时说得太多，我也不知道该做哪些？

这个问题恰好是我正在思考的，于是我准备了一个笔记本，把他所做的好事一一记下来。每一次当他翻看这个本子时，从他激动和愉悦的脸上，我看到他的自信心正在增长。

我写下了这样一些话，并把它贴在小斯宾塞的卧室里：

我希望我的孩子具有同情心，对别人的痛苦要同情和安慰。我希望我的孩子尊重别人……

这些文字，他开始并不完全理解，但在生活中逐渐会遇到相似的事情，我就结合着给他讲解，后来他完全能够理解了。值得注意的是，对于他犯的错误，我基本不去对照着这些文字来教训他，相反，凡是他做了一点点类似的好事时，我则对照着赞扬他。这样做是为了让他对这些文字一直保持好感，并希望更多地去积累。

那个记录他好行为的笔记本，一直保存到现在，使他体会到我对他的尊重，也让他感受到一个心灵一直在默默地陪伴他。经常让孩子感受到父母在精神上而不仅仅在物质上关注他，他会逐渐注意心灵的成长。

来看看我记录小斯宾塞的好行为笔记本吧：

8 月 1 日，小斯宾塞在屋后的花园里发现一只饿得走不动路的猫，又瘦又可怜，小斯宾塞从家里拿出一块排骨喂它，它喵喵地发出感激的叫声。

8 月 4 日，小斯宾塞今天回来说，他阻止了几个小朋友用水去灌蚂蚁窝。他说：蚂蚁也是生命，也有爸爸妈妈，假如有一天其他人用水来淹我们家，那不是同样可怜吗?

9 月 10 日，小斯宾塞今天在学校被一个大个子同学打了，他很伤心。但当有人告诉他用石头去砸那个孩子的脑袋时，小斯宾塞没有这样做，他说，万一我把他打死了怎么办？可爱的小斯宾塞不是没有勇气，而是对人存有爱心。我太感动了，相信上帝听到也会微笑的。

10 月 7 日，今天晚上雨下得很大，我们从镇上回家时，看见一个年迈的乞丐躺在铁器铺的屋檐下，可能是病了。回来后小斯宾塞一定要给他送面包和衣服。真没想到，我可爱的孩子，小小的身体内竟然有如此巨大的善良和力量，即使风雨也无法阻挡啊!

……

每过一段时间，小斯宾塞都会要求我把笔记本念给他听，他认识很多字后就开始自己看。他也许没有想到，平时自己做的一点点好事，都会被记录下来。原来这些行为竟是自己做的，这种喜悦和鼓励比得到其他奖赏都让他高兴。

后来小斯宾塞真的成为了一个品德高尚、有目标、有理想，并快乐地去付诸实践的人。这是上帝对我的奖赏，是我一生中感到最幸福最快乐的事情。

（注：案例中小斯宾塞的父亲为《斯宾塞的快乐教育》的作者斯宾塞博士）

【专家小贴士】

斯宾塞把助人为乐的精神细化为具体的小事件，儿子喂流浪猫排骨，救了一窝小蚂蚁，给乞丐送去衣服和食物等等小事，都被他记录下来，并读给儿子听，不仅让孩子知道了怎样做是助人，而且体会了其中的快乐。我们做父母的也可以从日常小事给孩子以爱的熏陶：比如坐公共汽车时可以让孩子给老爷爷、老奶奶或给抱小孩的叔叔、阿姨让坐；在吃饭时，先让家中的长辈吃；在学校时，主动帮助有困难的同学等。这样的孩子长大后会表现出对家庭和社会极强的责任心和爱心。

【误区小警示】

很多时候我们在教育孩子时，只是笼统地告诉孩子我们要如何如何，如“我们要助人为乐”“我们要善待他人”。但如何助人为乐，我们却置之不理。结果就是孩子即使想助人为乐也茫然不知所措。

第三节　身教重于言传

【理论小提示】

其身不正，虽令不行；以身教者从，以言教者讼。　——《后汉书》

在开始教育自己的子女之前，首先应当检点自身行为。　——马卡连柯

目前学校向孩子们进行的助人为乐之类的教育，更多的是书面形式上的培养，如果仅仅依靠学校力量，难以让助人为乐的观念在学生心中生根发芽，而家

长在这方面应该承担更多的教育任务。而且，一般而言，孩子注意父母的行为会比观察他人行为更多。他们会将父母的行为模式铭记并不由自主进行复制。因此，父母的身教，比单纯的说教更有效。父母以自身的行为来潜移默化影响孩子，有助于孩子乐于助人品质的形成。

【案例阐述】

（一）

中国一个城市的街头，一个带着小男孩的年轻父亲正在人行道上走着，突然一个七八岁的小乞丐向他们走来，那位爸爸始终目不斜视，看都没看小乞丐一眼，也没有说一句话，更不要说施舍了。走在父亲身边的小男孩，看到小乞丐正向自己走来，居然捂起鼻子闪开了，并且厌恶地看了小乞丐一眼。在德国有这样一个故事：在法兰克福，有一个孩子粗暴地将一位上门乞食的流浪者驱赶出了自己的家门，父亲看到孩子的这种行为，特意为此召开了家庭会议。严肃、耐心地启发这个孩子："对于流浪者来说，他们尽管穿着邋遢，然而同样享有人的尊严。"父亲的教育使孩子明白了一个道理：仰慕强者可能是人之常情，而同情弱者更是美好情感的一种体现。后来，孩子建议邀请那位受自己侮辱的流浪者来家中做客，大人们则毫无保留地支持。

（二）

何厚铧的父亲何贤，人称澳门"黄大仙"，乐善好施，没有架子，对需要帮助的人，无论是否相熟、是否相识，有求必应。一位曾参加过何贤追悼仪式的人士回忆道：从没参加过这样的追悼仪式，前来鞠躬悼念的人士有西装革履的社会名流，也有穿着短裤、拖鞋的市井平民，三教九流，络绎不绝，万人空巷。可见何贤交友之广，助人之多。即使在何贤逝世多年之后，仍常有素不相识的人向何贤的家人致谢，感谢何贤生前救人一命，帮人渡过难关。父亲这些乐善好施的行为，对何厚铧起着潜移默化的作用，使他为人处事都能做到急人所难。

人们还记得，1989 年的一个晚上，澳门的计程车司机因不满意电召计程车只能在港澳码头候客的规定，在大批香港旅客抵澳时进行罢驶行动（根据电召计程车专营规章规定，电召计程车不能在公共场合停车候客）。如此一来，近千名香港旅客滞留码头，而澳葡官员又都已下班，对出租车司机罢驶事件置之不理。一下子，现场群情激愤，鼓噪起来。

在这关键时刻，一位身着西装、手持手机的魁梧男子和几位随行人员悄悄抵达码头——他就是人称“铧哥”的何厚铧。他打量过四周乱成一片的环境后，用手机调度了澳门新福利公共汽车公司的多辆小型巴士，通宵达旦地营业，将所有旅客疏散至市区各处，迅速化解了一场风波，得到了各方的好评。

何厚铧尽管年轻，却承袭着传统中国人慈善为怀的品格，多年以来，他为支援家乡旅游、经济建设和教育、医疗、卫生等福利事业陆续解囊，捐赠总额达1170万元人民币。何厚铧曾与自己的父母和伯父何添一道，同时被家乡人民政府授予“番禺市荣誉市民”称号。

【专家小贴士】

在德国，在成人的鼓励和引导之下，孩子们帮助盲人、老人过马路早已蔚然成风，为身有残疾的同学排忧解难也是很自然、正常的事情。案例一中的德国父亲耐心地启发孩子，让孩子认识到自己对流浪汉的态度和做法是错误的，从而培养孩子同情、帮助需要帮助的人的意识。相信这个孩子的父亲对他的教育会成为他心中久久无法磨灭并影响他一生的记忆。

澳门特首何厚铧的父亲急人所难、乐善好施的行为无疑对何厚铧起到了潜移默化的影响作用，为何厚铧赢得了良好的口碑，相信这也在他从政的路上起到了很大的作用。实际上做父母的完全可以在日常生活的细微之处对孩子进行影响，如当有人问路时，为其指路甚至主动带路；在上下电梯时按住开门键等候上下行人等等。

【误区小警示】

同样是为人父母，同样是面对弱者，案例一中中国父亲的表现，如果从教育的角度来说，无疑是个反面典型，但这正是现实中很多人面对乞丐乃至弱者的一个常态。如果我们不想自己的孩子心灵冷漠，我们必须改变自己对弱者的态度和行为方式。

第四节　助人为乐与自我保护

【理论小提示】

有时候孩子们面对的需要帮助的人不一定是同学、朋友，而是素昧平生之人，这个时候我们家长怎么教育孩子？这是一个难题。因为现在社会环境比较复杂，常常有一些人利用孩子的单纯与善良做一些不道德甚至违法犯罪的事情，致使孩子受到某种程度的伤害，因此家长很担心孩子上当受骗，教育孩子远离陌生人。这就会出现下面的矛盾情况：父亲一边教育孩子“助人为快乐之本”，一边又抱着“事不关己，高高挂起”的态度。正如一位教育工作者所说：“如今孩子们在成长中承受着许多矛盾的人生观、价值观的教化。”

【案例阐述】

放学回家后，李霄交给爸爸一张名片，是某英语教育机构一位推广人员给的。爸爸问是怎么回事，李霄说他遇到一位叔叔打听这附近有没有小学和幼儿园，他就给叔叔带路。一路上，叔叔问他多大了，上几年级，住在哪里，喜不喜欢英语，爸爸妈妈是做什么工作的，最后送给他一张名片，并说如果想学英语可以打电话跟他联系。

爸爸听了以后顺手把名片扔到垃圾桶里，儿子赶紧捡出来，这是他生平收到的第一张名片，他觉得应该收藏起来，何况自己做了一件好事，可以写篇作文。爸爸有点生气了：“我的名片多得是，你随便拿。”儿子反驳道：“拿你的名片有什么意思？”爸爸教训他：“现在外面坏人很多，你还告诉他那么多家里的事儿，你怎么不长一点心眼儿？他要是把你骗走怎么办？”儿子说：“不就是带路嘛，你把我看得也太‘小儿科’了！再说了，老师经常表扬乐于助人的同学。”

爸爸对儿子说：“我以前跟你说过一件事吧？一个小孩儿给陌生人带路，走到胡同的时候，这人把孩子给拐走了。以后小心点，知道吗?”儿子郑重地点点头，但还是把名片捡出来，说：“我把它当卡片玩会儿，行吗?”爸爸应允了。

【专家小贴士】

“互相帮助、关心他人”是教育部发布的《中小学生守则》的一项要求，也是培养孩子好品德的一个重要方面。毛泽东曾说过：“一个篱笆要打三个桩，一个好汉要有三个帮。”虽然社会环境复杂，但我们不能因噎废食，“助人为乐”的传统美德还是要传承下去。这样，教育孩子乐于助人与安全自护的矛盾就摆在家长、尤其是父亲们面前了。

案例中的场景正是对孩子进行安全自护与乐于助人教育相结合的好时机。家长可以展开话题与孩子讨论，什么情况下可以带路，什么情况下应该指路。假设几种遇到坏人的情况，让孩子说出自护的办法，家长再给予指导，这种演练实际上是在锻炼孩子的应变能力。

【误区小警示】

案例中的孩子安全地帮助了陌生人，家长应该以表扬和鼓励为主，但是他们对孩子安全自护的忧虑超过了对呵护爱心的关注，给孩子乐于助人的热情泼了凉水。现实生活中，骗子利用孩子的单纯和热情行骗的案例深深刺痛着我们的心，家长如何在教育孩子帮助别人时应具备自我保护的意识，非常考验家长的智慧。

第五节　助人而不求回报

【理论小提示】

孟子说过：“爱人者，人恒爱之。”

帮助人不求别人的回报是一种高尚的境界，但不求回报不是没有回报。帮助别人时，其实就等于帮助了自己，一个人在帮助别人时，无形之中就已经投资了感情，别人对于你的帮助会永记在心，只要一有机会，他们会主动报答的。教育孩子帮助别人从分享开始是最为自然的方式之一，家长可以引导孩子把玩具给小朋友玩，让他明白，分享并不是失去，分享就是让小朋友知道自己对他人的关心与帮助，小朋友得到这种关心与帮助后，也会回报自己同样的关心和帮助。这样孩子帮助他人的意识就可以慢慢培养起来了。

【案例阐述】

（一）

弗莱明是一个穷苦的苏格兰农夫，有一天当他在田里工作时，听到附近泥沼里有人发出求救的哭声。于是，他放下农具，跑到泥沼边，发现一个小孩掉到了里面，弗莱明忙把这个孩子从死亡的边缘救了出来。

隔天，有一辆崭新的马车停在农夫家，走出来一位优雅的绅士，他自我介绍说是那被救小孩的父亲。绅士说："我要报答你，你救了我儿子的生命。"农夫说："我不能因救了你的小孩而接受报答。"

就在这时，农夫的儿子从屋外走进来，绅士问："这是你的儿子吗？"农夫很骄傲地回答："是。"绅士说："我们来个协议，让我带走他，并让他接受良好的教育。假如这个小孩像他父亲一样，他将来一定会成为一位令你骄傲的人。"

农夫答应了。后来农夫的儿子从圣玛利亚医学院毕业，成为举世闻名的弗莱明·亚历山大爵士，也就是盘尼西林（青霉素）的发明者。他在 1944 年受封骑士爵位，且得到诺贝尔奖。

数年后，绅士的儿子染上肺炎，是盘尼西林救活了他的命。那绅士是谁？是上议院议员丘吉尔。他的儿子是谁？是英国政治家丘吉尔爵士。

（二）

一天，一个贫穷的小男孩为了攒够学费正挨家挨户地推销商品。劳累了一整天的他此时感到十分饥饿，但摸遍全身，却只有一角钱。怎么办呢？他决定向下一户人家讨口饭吃。当一位美丽的女孩打开房门的时候，这个小男孩却有点不知所措了，他没有要饭，只乞求给他一口水喝。这位女孩看到他很饥饿的样子，就拿了一大杯牛奶给他。男孩慢慢地喝完牛奶，问道："我应该付多少钱？"女孩回答道："一分钱也不用付。爸爸教导我们，施以爱心，不图回报。"男孩说："那么，就请接受我由衷的感谢吧！"说完男孩离开了这户人家。此时，他不仅感到自己浑身是劲儿，而且还看到上帝正朝他点头微笑。

其实，男孩本来是打算退学的，但他放弃了这个念头。

数年之后，那位美丽的女孩得了一种罕见的重病，当地的医生对此束手无策。最后，她被转到大城市医治，由专家会诊治疗。当年的那个小男孩如今已是大名鼎鼎的霍华德·凯利医生了，他也参与了医疗方案的制订。当看到病历上所写的病人的来历时，一个念头霎时闪过他的脑际。他马上起身直奔病房。

来到病房，凯利医生一眼就认出床上躺着的病人就是那位曾帮助过他的恩人。他回到自己的办公室，决心一定要竭尽所能来治好恩人的病。从那天起，他就特别地关照这个病人。经过艰辛努力，手术成功了。凯利医生要求把医药费通知单送到他那里，在通知单的旁边，他签了字。

当医药费通知单送到这位特殊的病人手中时，她不敢看，因为她确信，治病的费用将会花去她的全部家当。最后，她还是鼓起勇气，翻开了医药费通知单，旁边的那行小字引起了她的注意，她不禁轻声读了出来：

"医药费——一满杯牛奶，霍华德·凯利医生。"

【专家小贴士】

那些帮助别人而不求回报的人，在日后必得回报。案例一中的农夫弗莱明拒绝因救了丘吉尔的小孩而获得回报，但他获得的回报又是多么丰厚啊！丘吉尔因为帮助了农夫的儿子，而在日后救了自己儿子一命。这都是两个人从未想过的啊！案例二中小女孩的父亲交给女儿的"施以爱心、不图回报"的信念，也恰恰在日后不仅救了女孩一命，而且免去了她无力承担的高昂的医药费。

【误区小警示】

在现实生活中，一些父母在处理事情时难免会有一些利益交换，会对外提供一些目的性很强的帮助，潜移默化的孩子会形成我这样帮他会有什么回报的意识，如果不及时发现并设法矫正，使孩子形成这样的处事方式，孩子没有“他人意识”，他很难体贴、同情、关心和照顾家人、朋友以及需要他关心的人，容易只顾满足自己的私欲，心中没有他人，将来必然是一个冷酷无情、胆大妄为的利己主义者。

第四章　融入集体——培养公心
——节俭内涵的延展与对接

士志于道，而耻恶衣恶食者，未足与议也。——《论语·里仁》

第一节　节俭之心

1. 人类的最后一滴水

【理论小提示】

历史上，节俭总是被看作持家立业的根本、安邦定国的保证、代代相传的美德。

时过境迁，在我们这代人身上，节俭这个话题已经不再响亮，不再理直气壮了。在一些人心目中，节俭似乎已经成为遥远的过去，勤俭节约这样的词俨然是上一代的标签，而这一代人是耻于为伍的，他们视节俭为“寒酸”，把朴素当“土气”，将挥霍说成“大方”。

怎样找到这两代人关于节俭共识的对接点，是我们不得不面对的一个问题，之所以节俭文化出现今天这样尴尬的局面，正是传承出现了断裂。人们对节俭概念的狭隘理解，让节俭的精神内涵在演变中出现缺失，竟造成节俭美德成为了两代人的隔阂。节俭美德的撼动，正体现了中国传统美德传承的链条松动了，美德的扎根和捍卫刻不容缓。父亲，不应只是代表小家中的一员，更是代表着一种责任，用父亲的这份承担来拓展节约的社会内涵，用男人的那份忧患意识、胸怀天下的睿智去思考、判断、选择将传统的节俭文化积淀、再生，为节俭诠释一种两代人对接共赢的价值观，让节俭散发出的历史魅力和时代光彩碰撞出多元的和谐氛围。为新时期关于节俭内涵的延展与对接做出意义深远的贡献。

【案例阐述】

“人类的最后一滴水是什么?”一天，8岁的儿子突然问我。

“又是脑筋急转弯吗?”我以为天真的孩子又在搞怪，“人类最后的一滴水，还是水呗!”

“不对，是人的眼泪。”

“谁说的?”我惊讶于儿子的答案。

“是广告。”

“儿子，你知道这个广告要表达什么吗?”

“让我们节约用水。”

“对，谢谢你的脑筋急转弯。”

“不是脑筋急转弯，是公益广告，警示我们不要浪费资源。”

这个广告和儿子的领悟，使我想起一件妹妹跟我唠叨的事情来，不免忧心忡忡。

原来是我妹妹六岁的儿子帅帅从我父母家回到他们身边准备，就读小学，可是我外甥帅帅有些习惯令妹夫瞠目结舌。例如帅帅时不时就会防不胜防地从垃圾桶中捡起一些塑料和纸盒制品收集起来，放进自己的卧室，帅帅他爸每次看到孩子收集家里的纸盒都会忍不住要制止，并跟孩子声明这里是城市，房子也是花钱装修得漂漂亮亮，不适宜堆放这些垃圾，帅帅申辩说：“姥爷姥姥总是提醒我这种纸盒、矿泉水瓶都不是垃圾，要我收集起来，可以去回收站再利用，还能兑钱呢。”妹夫与孩子多次双方冲突才得以制止，孩子不敢再收集垃圾了。

谁料又有一些行为着实让这位父亲诧异。每次的洗脸水帅帅都不直接倒掉，而是存放在他们家的浴缸里，学姥姥姥爷二次利用，用于冲洗抽水马桶。这位年轻的父亲与自己的孩子生活习惯格格不入，终于有一天这位父亲发飙了，硬是把满盆的清水当着孩子的面倒掉了。“你给我听着，我们家不搞乡下这一套。发家不靠节约，如果是为了这样生活，我就没必要这么辛苦的赚钱了。”

“爸爸你浪费。”儿子大喊，委屈地哭了很久。那以后，在父亲的监视下，帅帅的节俭举措节节败退，现在帅帅的节俭方式再没有延续了。

我们应对孩子从老家带来的节约模式，给予积极的接纳，而且还要将他节约的方式进行更新升级。

例如：用水方面：长期固定一个水桶储存二次用水；用电方面：吃饭时打开餐桌旁的壁灯，关闭客厅的吊灯，看电视时就只开一个节能灯，做作业时只开台灯；到附近商店买东西时，也几乎不会采取开车的方式，一般走路或骑车。儿子上学放学都是走路去接，虽然多花费一些时间但同时也得到了锻炼。收集纸盒兑换的钱用于捐款事宜，并记录节约换来的经济价值积累，从而肯定自己的节俭成效。

【专家小贴士】

诸葛亮在《诫子书》中说到，“静以修身，俭以养德”可见，节俭不仅是生活的问题，更是一个品德修养的问题。

我的儿子和外甥小时候同时由这对老人悉心照顾，节俭意识和模式方面，儿子身上也同样渗透着老人的印迹，我觉得儿子小小年纪就懂得节俭并去主动实践着，难能可贵，这种行为应该给予肯定和滋养。虽然因为环境的不同有些方式不太恰当，但是完全可以调和成行之有效的节约方案，不应该扼杀他们的节俭意识，否定他们的节俭行为，对节俭做片面的注解。应该看到节俭意识的萌发实质上是人对美好品质追求的一种体现。

这个案例同时也充分体现了我的父辈们和这个年代的人其价值观的不同，从而对节俭问题产生了冲突，这种冲突是因为教育和社会氛围的相互作用而出现矛盾。这两代人关于节俭的矛盾，怎么调和，怎样对接，是新的挑战。

随着生产和生活资料供给的富足，关于节俭的那根神经渐渐被集体麻痹了。铺张浪费取而代之，甚至常常上演“穷人乍富”的笑话。

虽然社会不断发展，但节俭意识却不断淡出人们的生活，我们希望节俭行为的自觉回归，必须在目标上用发展的眼光挖掘节俭的时代价值驱动力，而不是一味地复制沿袭上一代的节俭思维模式。与过去强调的精打细算相比，是否保持艰苦奋斗、勤俭节约的作风，不再是关系到能否保持政治本色的问题；也不是单单体现个人会不会过日子的肤浅理解；节俭更不是用来排斥量力而行地提高生活水平的片面注脚。

节俭也不仅仅只是个人的生活方式，新形势下这一代人必须正视现在的生存状况：人口日益膨胀，经济的快速增长与我国资源日渐枯竭的矛盾非常突出。如果我们不遏制资源浪费，经济的可持续发展必然难以实现。在这种基本国情和严峻形势下，节俭必须站在人类集体的高度成为一种生活的常态。

这样，人类的眼泪才不会是最后一滴水。

【误区小警示】

随着社会经济的发展，人们的生活水平日益提高。作为父母，都想让孩子过上富足的生活，尽量满足孩子的需求。但是，过分满足孩子的一切需求，也容易养成一批“小皇帝”“小公主”，使孩子缺少节俭意识和吃苦能力，久而久之，就造成了孩子艰苦奋斗精神的缺失，影响了孩子人格的健康成长。因此，作为父母，要做好孩子的表率，在日常生活中带头节俭，并利用合适的时机培养孩子的节俭意识。

2. 一个小男孩的梦想

【理论小提示】

中国人还习惯于那些关于地大物博、物产丰富的描述，而从心理上乐于忽略中国人均资源占有量仅为世界人均占有量 1/2 的客观存在。当前，我国资源“红灯”已经亮起，电力、石油、土地和水资源等最重要的资源普遍紧缺。资料显示，目前我国综合能源利用效率约为 33%，比发达国家低 10 个百分点；单位产值能耗是世界平均水平的两倍多；主要产品单位能耗平均比国外先进水平高 40%。

我国资源对于支撑“粗放型”经济发展已经到了难以承受的地步。如果不在全社会进一步强化节约资源的意识，经济的发展必然会越来越多地受到资源的制约，生产生活环境会越来越恶化。

浪费不仅仅是一个道德问题，而且还是关系到生存和发展的问题。

让我们以德国为例，那里的老百姓多是购买小排气量家用汽车，听听他们自己的解释：“我们买得起大车，但那会消耗更多能源，同时增加废气的排放，我们每一个人都必须自觉地节约能源，保护我们赖以生存环境。”这样的行为不会引起人们对他们的蔑视，相反能充分反映出这个民族的优秀品质。

【案例阐述】

2014 年 7 月，为了编写本章节，就节约意识现状与全民化程度的调查获得第一手资料，15 名大学生组成三个调查组，深入各单位进行调研。

第一组：某机关单位，长流水、长明灯、不关机的现象随处可见。电脑开机后连续几天几夜“忘了”关机；为了下午凉快点，中午离开办公室也不关空调，下午上班时感觉太冷，又大开门窗；更有空调房内肆意抽烟，乌烟瘴气时又不得不打开门窗；夏天披毛衣、冬天穿衬衣等现象司空见惯。足以说明某些工作人员大手大脚，浪费现象非常严重，节能降耗的意识淡薄。

有媒体报道说，调查表明，政府机构、大型公共建筑与高耗能企业属于资源消耗的三大重点领域，比如，我国政府机构年电力消耗总量占全国总消耗量的 5%，能源费用超过 800 亿元，某些地区政府公务人员 1 天的耗电量，够普通百姓用 19 天。政府机关之所以会成为耗能大户，分析认为，是政府机构一直都没有资源使用方面的定额限制和定额管理，是节能监督工作的“盲区”。更重要的是，有些人有“花公家的钱不心疼”的心态。室内能见度很好的上午，大吊灯毫无顾忌地打开着；空调房冻得让人直打冷颤；开一个会，与会者要提走数公斤重的书面材料；会议散场后，几乎所有的座位上都留下喝了一半的瓶装饮料……

第二组：某大学，新校区学生食堂——北苑餐厅，一楼每天有5到6桶剩饭剩菜被倒掉，每桶饭菜若是按正常价格售卖，至少卖200元，一楼每天最终倒掉的价值总额就有1000元。加上二楼和三楼，这个餐厅每天有11到14桶剩饭剩菜被倒掉。这是调查组在北苑餐厅调查时所了解到的情况。根据这个调查结果估算，北苑餐厅一年倒掉的饭菜价值上百万元。

第三组：调查组来到国家级贫困县的一个村庄。在那里，他们看到最多的就是红薯。在稍富裕点儿的村子里，红薯是用来喂牲口的。但在那个四周是山、人均只有3分地、人均年收入只有1243元的贫困村，红薯就成了村民的主食。名叫高齐佑的调查组成员给该村13岁的易星拍了一组照片，孩子高兴得合不拢嘴。

高齐佑看着这张淳朴的脸，很好奇山沟里的孩子会有什么理想呢：“能告诉哥哥，你长大后想做什么吗？”

易星低下头，沉默了一会儿说：“厨师。”

“为什么想当厨师呢？”

“做菜给爸爸吃。”

“要给爸爸做你的什么拿手菜呢？”

易星抬起头，望着蹲在灶前墙角吃饭的爸爸说：“炒白菜！”

高齐佑听后感到非常难过。回到自己美丽的校园后仍不能平复心中的触动，他记下了这个男孩的梦想，希望通过自己和同学的努力，帮这个男孩实现自己的梦想。每当他们不节俭时脑海就会萦绕着男孩“炒白菜”的梦想。

衣食无忧的你们呢？听了这个故事，心情又是如何呢？是感动？是难过？还是惭愧？

我是被深深地震撼了！在机关，耗能800亿元；在校园里，一年倒掉一百万；山村里，做一碗“炒白菜”给爸爸吃，竟是一个小男孩子的梦想。

【专家小贴士】

一边在研讨“创建节约型社会”的课题，一边能源浪费正悄然发生。由习惯成自然的“全民浪费”还在不经意间扩展。尽管政府一再强调“建设节约型社会刻不容缓”，但是一些细节显示：中国人的“节约行动”仍有很多漏洞有待填补。一个严峻的课题摆在我们面前——节俭意识与行为的深入化、全民化、常态化和制度化。

中共中央直属机关事务管理局和国务院机关事务管理局曾经联合发出通知：夏季办公区空调不得低于26摄氏度，杜绝长明灯，严禁使用高压清洁水冲洗车辆，严禁使用自来水龙头直接冲洗墩布。许多细致的条款出现在了这份通知中。总理在批示中指出，国家机关应该成为建设节约型社会中的表率。

北京市政府也要求，以往开会都要求公务员穿西服、打领带，以展现良好的精神风貌，但在炎炎夏季“着正装”，就得把空调温度调得低些，这会增加用电负荷；以后夏季的各类内事会议，提倡不着西装、不打领带。

在这样一个节俭文化氛围匮乏的时代里，面对节俭美德的日益消退，我国政府将节约节俭放在人类长足发展的立场上，将全球问题列为己任，提出节约节俭的战略目标，根据我国国情和全民节约意识的程度拟定了一套以人为本的节俭方案，节俭行为从意识化成具体的数据，从制度化向习惯养成发展。

【误区小警示】

地球是我们的家园，而地球的资源不是取之不尽用之不竭的。为了保护我们的蓝色星球，为了人类的子孙后代能够更好地在这颗星球上生存，我们必须从现在做起，从身边的小事做起。现在的个别人还存在攀比之心，看到别人买了汽车，自己也要换一个大排量的汽车；看到别人吃饭花了几百元，自己请客也要花上千元。这些行为都造成了极大的浪费，也对我们的生活环境造成了破坏。

第二节　节俭之行

1. 宿舍用水怪招的转变

【理论小提示】

“节俭朴素，人之美德；奢侈华丽，人之大恶”中国历来不乏节俭的传统。

今天，我们应拓展节俭的价值体系，并付诸行动，坚信节俭可以实现增值，探索一种资源优化配置模式用于输出领域，总结一套全新的流程化模式用于生产，将节俭概念转化为行为贯穿于生产、流通、消费和社会生活的各个领域，转变粗放型经济增长方式。只有当节约资源意识渗透至国人生活中的每一个细节，成为人们自觉选择的生活方式，中国的可持续发展才能实现。

我们要明确节俭的目标，商定具体措施，分阶段将节俭的意识转化成行动，将节俭的价值观转化为措施。节俭行为的实施，可以从小培育孩子树立目标、制定方案、马上行动、及时总结的思维方式，加强小孩做事的计划性，增强小孩的分析判断能力，养成敢于实践并踏踏实实的作风。

【案例阐述】

以前我的很多同学洗衣服时为了减轻涮肥皂水的麻烦，就把水龙头开到最大，对着盛放衣服的水桶冲洗三四十分钟，衣服不用手洗就可以冲刷得很干净了；还有些同学为了保证牛奶不变质，居然将牛奶放在打开的水龙头下面冲，用学校一整天的自来水换取自己牛奶的新鲜。

我爸要当时听到同学们这样浪费水肯定会痛心疾首，还肯定会要求我去劝说同学们节约用水、爱惜公家财物。虽然那会儿我没有告诉老爸，但其实我是试着用老爸教育我的方式提醒着同学，用渗透在自己骨子里的节俭意识贯彻到了日常生活的点点滴滴中，不论是自己的东西还是集体的财物都尽量做到爱惜节约，无论是在家里、还是在学校都节约用电用水，出门随手关灯，即使是公共场所，看到没有关紧的水龙头一定也要把它关上，在食堂用餐也从不随便倒掉饭菜、吃多少买多少。

开始同学们认为我只是想作秀，可我不会被同学异样的眼光所干扰，坚信节俭是一种美德，惭愧的应该是他们，仍然坚持我节俭我自豪的精神，对待自己的东西和集体的东西都非常爱护。开始他们对我的节俭行为嗤之以鼻，后来发展到不好意思在我面前大肆浪费公共的财物，平时他们自己的不节俭行为也有所收敛。

慢慢地，我带给他们的影响在日积月累中产生质的飞跃，他们渐渐地感受到了一种美德的无形力量的指引，时至今日，我们宿舍原来由我一人垒砌的节俭阵容，现在在我的倡导下全宿舍、全班都陆续加入到节俭的队伍里来。而且如果发现有同学存在不节俭的行为大家都会群而批判之。

【专家小贴士】

这个大学生的爸爸非常节俭，他并没有什么文化，认不得多少字，但他却以自己的方式成功地传承给女儿节俭的美德。还有无数像这样朴实的人，在实践中传承和弘扬着节俭的美德，并用自己优良的品质滋润着下一代。

父亲的行为对孩子的影响非常大，孩子在学校里受的教育是一样的，但孩子们表现出来的习惯却千差万别。俗话说身教重于言传。父亲往往是孩子模仿的榜样，对孩子有着潜移默化的影响。因而父亲要做到身体力行，率先垂范，给孩子良好的启蒙，才会带给孩子好的影响。

改革开放以来，我国的科学技术朝着现代化目标大步迈进，人们的物质生活水平迅速提高，而民族素质也必须同步跟进才行，否则一切发展和进步都没有持续的生命力。节俭不仅是做人的一种美德，更是优秀民族素质的体现。

在这样一个节俭文化氛围匮乏的时代里，父亲应为我们的这一代孩子找到一种乐于接受的方式，来实践这种生活态度，像现在用明星的社会影响力来宣传节俭的生活元素，是非常好的一种方式，节俭内涵赋予明星一种内外兼修的美，而节俭这个传统美德借着明星耀眼的载体更具化、更亲切，像是给节俭注入一股新的活力。

面对日趋势微的节俭美德的传承，父亲应该义不容辞地担起传承的重任，将节俭意识播种到孩子的心田，融入孩子的精神血脉。这样节俭的美德才会有坚实的根基，并滋养着孩子们的成长而使他们枝繁叶茂。

【误区小警示】

身教重于言教，父亲的一言一行都在潜移默化地影响着孩子。行相对于言来讲，对孩子的影响更加重要。如果父亲只会给孩子讲节俭的大道理，而自己并没有亲自去做，可能会导致孩子的逆反心理。相反，如果父亲以身作则，注重用行动去引导孩子，则会取得更好的教育效果。

2. 让员工自愿为公司节约

【理论小提示】

有些公司只追求眼前的经济利益，表现出对节俭的理解呈现出急功近利的心态，想到的也只是缩减开支，这种形似而非神似的节俭方式，是不能提升企业团队的凝聚力的。作为企业的任何一个部门，在制定节俭方案的时候要考虑事物的规律，不能仅仅站在本位主义的立场想问题，这样反而会弄巧成拙。

任何方案的最高境界应当是把节俭当做一种态度，美国沃尔玛公司就为节约做了非常好的诠释，《为顾客节约1美元》的倡导者萨姆也被美国总统认为是最能体现美国人创业风范的企业家，一生中从一家小铺子开始，一直做到世界零售业老大的地位，他的成功秘诀是：为顾客节省每一分钱……

美国沃尔玛公司是世界上最大的商业零售企业，在沃尔玛公司拥有500多亿美元的资产时，老板萨姆·沃尔顿率领的采购队伍仍然非常节俭，有时8个人住一个房间。对此，有人问萨姆："这么大的公司为什么还要那么精打细算？"

萨姆回答说："答案很简单，我们珍视每1美元的价值。我们的存在是为顾客提供价值，这意味着除了提供优质服务之外，我们还必须为他们省钱。如果沃尔玛公司愚蠢地浪费掉 1 美元，那都会是出自于我们顾客的钱包。”

节俭的主题在时代的洪流中永远占据着一席之位，它会使我们在竞争中领先一步——这就是我们应该持续努力的。

【案例阐述】

SK 公司的工程师早晨上班查看邮件时，发现系统自动生成的一封信，上面写道：“您上个月电话费是 × ×，您目前在公司的排名是 × ×。”公司的每一个员工在月初时都会收到这样的邮件，提示自己应该节约电话费了。在这样的邮件下面通常有个链接，告诉你应该如何减少电话费。

SK 公司内部使用 Soft Phone（软电话系统），公司在世界各地打电话都是免费的。因此公司鼓励员工使用内部的拨号系统，这会没有任何长途费用。公司上下都极力提倡这种方式，如果处在不同国家的同事开电话会议，大家也会相互提醒要使用软电话系统进行通讯。

SK 公司每年能为自己节约 50% 的电话费。

KE 公司的客户 82% 的订单通过网上下达，85% 的客户支持通过网络进行沟通。在客户服务方面，KE 公司为客户节约了 9.2 亿美元成本。通过网络提供技术支持，可以减少 1000 名技术支持工程师，这些人力资源投入到开发新产品上，使公司获得了极大的竞争优势。其实在这里，比成本节约更重要的是公司给客户带来的高效率的服务体验。因为很多问题，你无需等待技术服务人员到现场而是通过在线就可以马上找到问题的答案，而且在网络的背后你所获得的支持不仅是当地技术人员的支持，而是 KE 全球技术人员的专业服务。

TJ 公司则几乎所有的会议和培训也都搬到网上。TJ 公司很少举行部门会议，部门会议大概一个月一次，因为平时有什么事情都通过电话会议解决。那种为了开会隔一两个月就要飞来飞去，花费大量差旅费的情况在 TJ 公司根本不存在。培训的情况也是如此。

更进一步说，利用网络的意义并不是节约多少人力成本，而是释放了更多人力去做更高层次的工作。销售人员可以把大部分精力放在制定更好的销售策略上。Greg Dixon 说："以前我们有 65% 的人在跟踪每一笔交易，35% 的人在分析市场竞争情况。现在我们有更多的人来分析整个行业情况。运用技术提高生产力的意义不是说减少几个人，而是提高每个员工的生产力。"

DR 公司为了保证高效率，负责行政的 WPR 部门会派人考察每个人的上座率，比如一天考察 5 次，如果发现员工只有 1 次在位置上，那么就没有必要给他固定座位。因为在整个 DR 公司都可以无线上网，每个员工有一台笔记本电脑，座位自然不是必需品；如果你需要，在家办公也是一样，在家办公还可以节约耽误在路上的很多时间。另外，没有了固定位置，也就没有了存放东西的必要，也节省了柜子和纸张。

这些公司员工的工资基本都高于业界的平均水平。员工自己说，虽然工资不是最高的，但也是在工资水准的前三分之一的梯队之中。这些公司的节约模式也不是教条性的，如果有人能喝 10 瓶水，也决不会有任何人指责他浪费。这些公司每年投入大量资金用于员工培训，主要给员工做沟通方面的培训。

因为有互联网这样的工具，便于随时沟通，这几家公司的一些决策都事先跟员工进行讨论，有专门的人负责征求意见，那么员工自然愿意发挥自己的主动性。

互联网技术帮助 SK 公司在 2009 财年节省了 17 亿美元；KE 公司在 2009 财年节省了 21 亿美元；TJ 公司在 2009 财年节约了 22 亿美元。上面列举的几家公司以其自身为例向全世界证明，技术的运用的确可以大大降低公司的运营成本，而技术其实只是公司节约成本的一个手段而已，节约成本并非要技术至上才能做到。

【专家小贴士】

各公司的节约举措精彩纷呈。节俭方式流程化给他们带了增值，使他们在行业中具备竞争优势。

作为网络公司，SK 公司自然有别人无法比拟的优势。可能有很多企业认为，我的公司规模没有那么大，没有在外地设立分部，根本没有必要用 IP 电话进行远程会议，我的公司因为条件的限制根本不能移动办公。

其实节俭是一种意识，并非完全依赖先进技术。很多管理环节上的节约都是非技术层面的。也许它在集体中的作用不仅仅是经济的增值，而是让一个团队朝着同一个方向努力，增进了凝聚力，增强团队的软实力。

而在KE公司办公室的大门，迎面就能看见灰色柜子上摆着一个用竹子编成的小筐，上面写着“回收电池”，公司员工都会很自觉地把废电池扔进去。为了节约纸张，公司规定打印纸要用双面打印。KE公司还有一些从成立初期就延续下来的习惯，比如老板的办公室也不过6平方米，与普通员工的一样大小；如果出差，从上到下的标准都是经济舱，如果要升舱，员工需自己掏钱。这些都是一般的小公司可以效仿的一种节约意识与规范的节约行为。

【误区小警示】

节俭是一种生活方式，也是一种生产方式。无论家庭或公司多么富有，铺张浪费都是一种可耻的行为，也都会造成不好的后果，正所谓“成由勤俭败由奢”。无论是作为公司领导还是作为父亲，如果不注重节约，也会造成上行下效，造成整体的浪费，最终导致严重的失败。

第三节　创业之举

1. 梦想在奋斗中起航

【理论小提示】

空想不是创业，如果你想等到你的计划完美了，你再开始你的行动，我可以负责任地告诉你：你永远等不到那一天，因为市场环境永远在变，留给你的机会永远也在变，唯一不变的就是变化本身。所以完美永远等不到，只有做才有改正的机会，只有进行不断改正才能保持正确的航向。成功是由不断的行动组成的。

【案例阐述】

他，某网络科技有限公司总经理、公司创始人之一，施永辉。

创业，让梦想起航

他进入大学时，凭借多年以来对计算机的学习，拥有了优于他人的专业知识积累：C++、Pascal、Delphi、数据库原理、面向对象程序设计等等。再加上在中学争取的多次计算机方面的实践，他明白，只有将理论与实践相结合，才能学到很多书本上没有的东西，这时，他希望试着通过创业来使自己的能力得到提升，将知识转化为价值。

一、综合素养——奠定成功的基础

一个人的能力，决定了他的人生高度。自己的综合素质，自己的领导能力，也就是在一个团队中领导者的综合素养，决定了这个团队未来的发展。

从大一起他就加入学生会担任学生干部，从校团委到校新闻中心在内的多个校级、院级组织；大二期间，他担任校学生会部长；大三，他通过竞选答辩成为校团委副部长。

三年以来，他曾参与组织、策划了包括“芙蓉学子”“渭水之星”在内的多个大型校级活动，通过学生干部工作的锻炼，不仅提升了他的组织策划能力，也塑造了他冷静稳重的做事风格，让他拥有了成功者必备的素质。

二、社会实践工作

2008 年寒假期间，他主动与家乡的电视台联系，申请实习。在实习过程中，他刻苦专研，虚心向身边的同事学习，掌握了不少专业知识。

2009 年暑期，他加入了西安市 BRT 快速公交系统方案的社会实践团队，走访公交公司，调查道路路况，记录车辆情况，他的汗水洒遍了西安的大街小巷，完成了社会实践报告，所在团队获得“大学优秀社会实践团队”奖。

除此之外，他还利用周末时间做销售，做代理，结合自己的专业知识，提升自己的业务水平。

正是这些经历，塑造了他运筹帷幄、决胜千里的战略眼光；端正了他脚踏实地、求真务实的创业态度；赋予了他独树一帜、勇于担当的创业气质；铸就了他勤勉尽责、果断干练的做事风格。另一方面，这样丰富的社会实践经历，也为未来他的创业奠定了坚实的人脉基础，为以后扩展业务、展开合作起了很大的帮助。

三、从创业团队到公司起步

智者通过付出而不是索取来实现自身的存在价值。

在这个知识创造财富的时代，创业这个充满挑战的梦想之巅，正日益成为今天大学校园中的一种时尚。2009 年 3 月，在他不断丰富自己的同时，他开始了新的尝试。在学校，他组建了一个网络团队，并担任团队负责人。创业开始，他们努力挖掘身边的资源，凭借自己的专业优势，不光在校内为多个组织机构设计海报、视频，还在校外开展了很多业务，为北京多家公司制作企业网站，这些经历，让他深入地掌握了自己的专业技术，提高了市场洞察力，为自己的创业道路打下了坚实的基础。

2009 年末，他又带领他的团队参加了第七届挑战杯创业大赛，经过严谨的项目可行性分析、广泛的市场调研、科学的战略决策、睿智的营销策划、合理的财务预测，历时三个月，形成了充满创意、详实可行的《L. W. K. 创意文化传播有限责任公司创业计划书》，通过初赛、复赛、半决赛和决赛的层层选拔，他最终获得了挑战杯创业大赛三等奖，展现了当代大学生的风采。

他说："通过参加这次创业大赛，我们结交了许多创业伙伴，认识了风险投资家，提高了沟通组织能力，也学会了如何在复杂不确定的情况下迅速做出决策，并为决策承担责任，这些都是我们不可多得的宝贵经验。"团队的团结协助、众志成城，体现出了他出色的组织才能和人际交往能力。

大二之初，他的工作室已经小有名气，经过前期的准备铺垫，他下定决心，要把事业做大、做强。在西安市雁塔区他与志向相投的朋友合作创办了第一家公司，是注册资金 50 万的一个网络科技有限公司——恒秦科技。

2010 年 3 月，在他的策划下，该公司与中国十大互联网应用服务提供商——北京万网志成科技有限公司签订合作协议，成为中国万网陕西省特约合作伙伴，在域名注册、虚拟主机、企业邮局、建站服务、网站推广等业务上展开合作，共同为客户提供各类互联网应用解决方案。

四、科研实践——创新+勇气+汗水=丰硕的果实

追逐卓越的他，对学术科研有着朴实而执着的不懈追求。

在负责公司运作的同时，他也积极展开与学校、政府方面的合作，2010年，他带领团队参与长安大学和陕西省公路局合作开展的“中国公路交通路面病害采集系统”项目，负责PDA智能采集终端的研发。

随着信息化时代的发展，恒泰科技提出了一个新的构想，物联网趋于成熟，未来的智能生活已经成为必然，“城市+互联”是未来的一个发展趋势，即通过物联网云计算中心与交付平台共同构建一个属于城市的服务交付中心，城市的每一个用户都是这个整体系统中的一员，随时随地便捷地获取信息。

2011年4月，他主持研发的“恒泰科技房地产销售管理系统”“恒泰科技OA办公协作系统”等多个软件系统已经申报软件著作权。

在一项项的科研实践中，他和他的团队始终透着一种严谨、谦虚、细致的科学精神。

五、奉献爱心，回报社会

“一滴水汇入洪流才不会干涸”。他没有陶醉在自己的小天地中，在创造事业的同时，为社会服务、为更多的人服务是施永辉引以为荣的事情。正是通过在丰富多样的团队和社会服务中，他体会到了自身更多的社会价值。

六、更高、更远、更强

“扩充知识面，努力奋斗，成为一个对党、对国家、对社会有贡献的人”，十年前，他为了这个理想而不懈努力，十年后，他依旧会为了这个理想而坚持奋斗。

十年间收获了如此多的成绩，也付出了很多的艰辛。十年前，当他还是一个孩子的时候，为了自己的爱好，坚定不移地走下去，并有所成就，仅仅是一个梦想，实现梦想的道路是艰苦的：当其他小朋友都在看动画片、玩单机游戏的时候，他却在电脑前为一个无法解决的bug苦苦思考。很多时候他也会想去放纵地玩一会儿那些好玩的游戏，很多时候他也想像其他小朋友一样在操场上奔跑打

闹，可是，他知道，对自己来说，有着更重要的事情要做，有着一个梦想等待着自己去实现。为了实现自己的梦想，那些苦，那些累，他都挺过去了，每当这个时候他脑子里都有一个想法，那就是，自己离梦想实现更近了。十年后，他如愿地走上了自己当初一直挚爱的计算机专业，他有了属于自己的第一个工作室、第一个公司、第一个外市办事处，儿时的梦想似乎已经实现，但是，他知道，这仅仅是一个开始。

【专家小贴士】

“天行健，君子以自强不息”。行走在成长的路上，只有不断的努力才能为通往理想的道路筑起一步步的阶梯。基础知识的掌握是他为创业准备的物质基础。

坚强的意志、机敏的思维、平和的心态、崇高的理想以及深厚的专业知识和处事能力，成为他追寻梦想的坚实羽翼。

追求生命的价值，激扬创业的斗志，让青春与梦想齐飞。创业，让他留下的不仅是忙碌的身影，更让人感到的是燃烧的激情和收获的喜悦。

没有追求的人生是暗淡的，没有挑战的人生是平庸的。现在，他和他的团队正向着一个新的高度进发，他时刻挑战自我，超越自我，为实现自己的理想而不断拼搏。他坚信：放大自我价值，你会开创生命的极限。

年轻的朋友们，如果想创业，买再多的成功故事来看没有用，只要你善于在实践中去学习，你就会不断地进步，因为“实践是检验真理的唯一标准”。

社会，是一所没有围墙的课堂；实践，是一种无形的磨炼。一系列的社会实践使他走出课堂，走向社会，走上了理论与实践相结合的道路，使他得以在社会的大熔炉中经受风雨，见识世面，增长才干，为今后创业积累经验，赢得筹码！

【误区小警示】

古人讲：“读万卷书、行万里路”，明代的思想家王守仁也提倡“知行合一”，如果只看重书本知识而缺乏实践锻炼，最终会造成缺乏知识创新的动力，成为世人所称的“书呆子”。所以，广大青年朋友既要注重学习书本知识，更要注重在社会实践中汲取营养，使理论和实践有机结合，才能取得更好的发展。

2. 成功是磨出来的

【理论小提示】

只有两种人的成功是必然的。第一种是经历生活严峻的考验，经受成功与失败的反复交替，最后终于成大器。另一种是在技术方面通过无数次失败的实验，最终达到了顶尖的地步。

【案例阐述】

2006 年 9 月 7 日，新东方教育科技集团在美国纽交上市，新东方作为中国首家教育概念股受热捧，股价上涨强劲。9 月 8 日，新东方董事长俞敏洪的资产一跃超过 10 亿元人民币，成为中国最富有的老师。

新东方在美上市，造就了俞敏洪这个新的亿万富翁。有人说他是中国最成功的老师，有人说他是一个纯粹的商人。把这两个角色结合在一起，对于创办新东方的俞敏洪来说这条路走得并不轻松，当初根本没有这样的“雄才大略”。

俞敏洪的授课风格被学生们总结为“激励型”，他常常用到的一个例子就是自己的经历。

1978 年，俞敏洪高考失利后回到家里喂猪种地。由于知识基础薄弱等原因，英语才得了 33 分；第二年依然是名落孙山。那时俞敏洪并没有远大的志向，作为一个农民的孩子，离开农村到城市生活就是他的梦想，尽管生活条件比较艰苦，俞敏洪仍在微弱的煤油灯下坚持学习。

功夫不负有心人，1980 年，俞敏洪坚持考了三年后，最终考进了北京大学西语系。

1985 年，俞敏洪毕业留在北大成了一名教师。两年平淡的生活。让俞敏洪萌生了出国的想法。但他在北大学习成绩并不算优秀，赴美留学的梦想在努力了三年半后付诸东流。

为了挣出国的学费，俞敏洪到北大外面去兼课教书，后来又约几个同学一块儿出去办托福班，。1990年秋天，俞敏洪的如意算盘被打碎了：因为打着学校的名头私自办学，北京大学在校园广播、有线电视和著名的三角地橱窗里高调宣布了对俞敏洪的处分决定。对此，俞敏洪没有任何思想准备。

1991年，俞敏洪被迫辞去了北京大学英语教师的职务，他的生命和前途似乎都到了暗无天日的地步。但正是这些折磨使他找到了新的机会。尽管留学失败，俞敏洪却对出国考试和出国流程了如指掌；尽管没有面子在北大待下去，他反而因此对培训行业越来越熟悉。

离开北大后，俞敏洪开始在一个叫东方大学的民办学校的培训班授课。这一年他29岁，他的目标是挣一笔学费，摆脱生活的窘境，然后像他的同学和朋友一样到美国留学。

卢跃刚在他的《东方马车》一书中生动描述了俞敏洪这段创业经历：他在中关村第二小学租了间平房当教室，外面支一个桌子，放一把椅子，“东方大学英语培训班”正式成立。第一天，来了两个学生，看“东方大学英语培训部”那么大的牌子，只有俞敏洪夫妻俩，破桌子、破椅子、破平房，登记册干干净净，人影都没有，学生满脸狐疑。俞敏洪见状，赶紧推销自己，像是江湖术士，凭着三寸不烂之舌，活说死说，让两个学生交了学费。夫妻俩正高兴着呢，两个学生又回来了，他们心里不踏实，把钱又要了回去……

尽管困难重重，但拼死拼活干了一段时间后，俞敏洪的培训班渐渐有了起色。眼看着培训班越来越火，俞敏洪萌生了自己办班的念头。1993年，在一间10平米的小平房里，俞敏洪创办了北京新东方学校。

俞敏洪说，最初成立新东方，只是为了使自己能够活下去，为了每天能多挣一点钱。作为一个男人，快到三十而立的年龄，连一本自己喜欢的书都买不起，连为老婆买条像样的裙子都做不到，整个家庭连家徒四壁都谈不上，自己都觉得没脸活在世界上。当时他曾对自己说：只要能赚到十万元钱，就一辈子什么也不干了。

然而到今天，新东方已成为中国最大的私立教育服务机构，在全国拥有25

所学校、111 个学习中心和 13 个书店，大约有 1700 名教师分布在 24 个城市。目前累计已有 300 万名学生参与新东方培训。

俞敏洪说：“新东方走到今天，不在我的意料之中，因为最初只是为了糊口，招几个学生办个小小的补习班而已。新东方到了今天，我们就有了更多的期待，希望能够用自己的行为和思想，为中国学生做更多的事，为中国教育做更多的事，为中国未来做更多的事。”新东方为何能从竞争激烈的英语培训市场脱颖而出，俞敏洪说自己最成功的决策，就是把那帮比他出息的海外朋友请了回来。

1995 年底，积累了一小笔财富的俞敏洪飞到北美，在俞敏洪的鼓动下，昔日好友徐小平、王强、包凡一、钱永强陆陆续续从海外赶回加盟了新东方。经过在海外多年的打拼，这些海归身上都积聚起了巨大的能量。这批汇聚到新东方的个性桀骜不驯的人，把世界先进的理念、先进的文化、先进的教学方法带进了新东方。

俞敏洪笑言自己是“一只土鳖带着一群海龟奋斗”。如何将这些有个性的人团结到一起，并让每个人都保持活力和激情，是俞敏洪首先要面对的问题。

俞敏洪说，在新东方，没有任何人把我当领导看，没有任何人会因为我犯了错误而放过我。在无数场合下，我都难堪到了无地自容的地步，我无数次后悔把这些精英人物召集到新东方来，又无数次因为新东方有这么一大批出色的人才而骄傲。因为这些人的到来，我明显地进步了，新东方明显地进步了。没有他们，我到今天可能还是个目光短浅的个体户，没有他们，新东方到今天还可能是一个名不见经传的培训学校。

像所有处于快速成长期的民营企业一样，新东方几年后也遇到了一次次人事危机。2001 年 8 月，新东方创业三位元老之一的王强决定出走。卢跃刚在他的《东方马车》一书中详细描述了这段事实：“在场的人都清楚，新东方可能正沿着一个大家十分熟悉的道路向下滑行，可能面临一个私营企业由于决策失误、理念不合、利益纷争而导致的内部分裂，有可能出现盛极而衰、灰飞烟灭的庸俗结局。”庆幸的是，在俞敏洪的极力挽留之下，王强最终没有离开。

如今，新东方已经成为无数人梦想的发源地和实现梦想的场所。成千上万的人通过在新东方艰苦的学习，圆了自己的留学梦。

与新东方的英语培训一同冲向全国各地的，还有新东方精神。一位同行在参加完新东方去年的梦想之旅后总结到，新东方最重要的就是告诉了我们，尽管生活沧海桑田，但是我们依然不要停止追求自己的梦和理想！

新东方精神到底是什么？俞敏洪说："新东方精神对我而言，是我生命中一连串铭心刻骨的故事：是在被北大处分后无泪的痛苦，是在被美国大学拒收后无尽的绝望，是在被其他培训机构恐吓后浑身的颤抖，是在被医生抢救过来后撕心裂肺的哭喊；新东方精神对我而言，更是在痛苦之后决不回头的努力，在绝望之后坚韧不拔的追求，在颤抖之后不屈不饶的勇气，在哭喊之后重新积聚的力量。"

俞敏洪认为，人活着需要有一种感觉，新东方之所以被很多人接受，也是因为新东方有一种重要的感觉，凡是到新东方来过的人，都在新东方感觉到了一种活力、一种顽强和一种豁达。

"十年风雨辉煌路，百年教育报国心。"俞敏洪希望新东方能为中国学生做更多的事，为中国教育做更多的事，为中国未来做更多的事。

【案例分析】

曲折的经历使俞敏洪具备了忍受孤独、忍受失败和忍受屈辱三种能力，也形成了他著名的"揉面定律"："人刚开始没有任何社会经验，也没有任何痛苦，就像一堆面粉，手一拍，它就散了。可是你给面加点水，不断揉搓，它就有可能成为你需要的形状——虽然它还是面，却不会轻而易举地折断。不断被社会各种各样的苦难所搓揉，揉到最后，结果是你变得越来越有韧性。"

经过艰苦环境磨练的俞敏洪，的确是越来越有韧性了。正是这种韧性，让俞敏洪声名远播，并逐渐完成了从手工作坊向现代化公司转变。

【误区小警示】

人们在面对生活挑战时，往往会有畏难情绪，怕失败，怕磨难。而实际情况往往是越害怕困难，越没有出路。在面对困难的挑战时，只有奋起努力，直面艰辛，战胜挑战，才会变得更加坚强，从而走向人生的成功。

第四部分　社会责任感

卷首语

社会是由无数个你我组成的有机整体，如果我们脱离社会，生活将无法想象。由自然人走向社会人的过程，也是人格不断健全、发展的过程，生命从此变得更有意义。作为一个社会人，对自己、对家庭、对集体乃至对国家负起自己应尽的责任，不仅是一种优秀的内在品质，也是一项义不容辞的义务。托尔斯泰认为："一个人若是没有热情，他将一事无成，而热情的基点正是责任心。"责任心是最基本的家教，父亲作为孩子心中的山，应帮助孩子从小树立勇于担当的意识，通过言传身教、细心启迪，让孩子懂得：我们活着不仅仅是为满足个人的私欲，也要尽可能地去照亮他人前行的道路。赠人玫瑰，手有余香，成就他人也是成就自己。这样，社会这个有机体才能更加健康地发展，我们每一个人也才能更好地实现自己的人生理想。

第一章　参与意识——积极融入社会

社会犹如一条船，每个人都要有掌舵的准备。——易卜生

人只有献身社会，才能找出那短暂而有风险的生命的意义。——爱因斯坦

第一节　你是我的好朋友

【理论小提示】

孟德斯鸠说过："社会是人群的集合体，而不是他们各自本身。"孩子再小，终究要走向社会。在这一过程中，是被动应对，还是主动融入，是对孩子社交能力的一种检验。一个孩子若不会交朋友，就得不到周围人群的认可和接纳，久而久之将会导致严重的挫败感，从而影响今后的学习和生活。

【案例阐述】

（一）

由于父母工作调动，阳阳转学至A市，成了一名插班生。刚开学时，阳阳上学还算积极。可没过几天，每到上学的时候，阳阳就显得有些忧虑。爸爸一开始并没有在意，以为孩子只是累了，直到有一天，他才意识到了问题的严重性。那天早晨起床后，阳阳突然说什么也不肯再去学校了，还伴随着一阵强烈地哭闹。万般无奈，爸爸只好向老师请假一天，并耐心地询问原因。阳阳得知可以不去上学了，才停止了抽泣。他慢慢地说，首先他在新的环境里没有朋友，这让他很孤

独，感到上学没有意思。其次，由于他说话带有口音，经常引来同学们的嘲笑，这使他更加自卑。于是这段时间里，阳阳在学校很封闭，不爱与人交往，坚持了几天之后，终于无法忍受这种现状，才发生了早晨的一幕。原来如此！爸爸主动向老师说明了情况，希望能够借助老师的帮助，使阳阳更快地融入新集体。班主任王老师随即安排班中比较热心的同学做阳阳的同桌，还嘱咐同学们一方面主动邀请阳阳一起参加课外游戏；另一方面还要私下帮他纠正口音。课堂上王老师也经常表扬他作文写得好、作业字迹工整等。总之，他的点滴进步都会及时地向全班同学通报。渐渐地，阳阳又找回了往日的快乐，还当上了小队长，在同学中的人缘儿也很好。

（二）

同样是转学，乐乐因搬家的原因随父母来到了一所新的学校。刚开始的几天，由于还没有交到知心的朋友，加之周围环境比较陌生，他感到不适应。回到家中，乐乐便把自己的不快告诉了父亲。父亲听后笑笑说："或许大家也很想认识你这位新朋友，但你并没有积极地表现出来啊，所以从明天起，你不妨试着主动一点。"第二天去学校，当一位同学没有带橡皮时，乐乐就主动把自己的橡皮借给了这位同学，于是他很快有了第一位新朋友。接下来，这位同学又带着他认识了自己的几位好朋友，乐乐的新朋友越来越多了。就这样，没几天的功夫，全班同学都成了乐乐的好朋友，他觉得开心极了。

【专家小贴士】

只有在与他人的交往过程中，人才能获得真正的成长。孩子也不例外，他们的成长需要集体生活，需要伙伴，否则强烈的孤独感会影响孩子健康的心理和性格的形成，甚至会导致孩子无法和他人正常沟通，无法适应社会。美国作家罗伯特·塞尔曼认为："童年时代的友谊，是以后生活中所有其他亲密关系的演习。"好的伙伴关系，有利于增强孩子的自信心，增加他们对他人、对周围环境的信任感，从而提高孩子自身的人际交往能力和社会适应能力。所以，主动走近他人，积极参与交流，形成良好的沟通、交际能力，是我们亲近社会的第一步。案例一中的阳阳，虽然走了一点儿弯路，但所幸在爸爸、老师和同学们的帮助下及时得到了纠正，否则结果很难设想。而案例二中的乐乐，则为我们成功实践了积极参与、主动融入集体的有效方法。

作为父母，我们有责任让孩子幼小的心灵更加阳光，使他们在与人交往的过程中不仅拥有一颗真诚、良善之心，也要拥有一颗积极、乐观之心。培养他们具备主动迈出第一步的意识和能力，不断扩大交往空间，建立融洽的人际关系，更快地融入社会，为自己的人生搭建起和谐发展的平台。

【误区小警示】

孩子的感情世界既单纯又丰富，对于周围环境的反应比较敏感。一个粗心的、不懂得表达爱的父亲，是无法走进孩子细腻的内心世界的。作为父亲，要善于利用自己父爱的特殊视角，及时发现孩子在交往中存在的问题，并引导孩子学会去爱。在孩子的成长过程中，不能大而化之、做旁观者。

第二节　合作力量大

【理论小提示】

当今世界，“合作高于竞争”已是国家以及区域谋求发展的主要理念。其实，论及我们每个人又何尝不是如此？翻阅《易经》，其中“二人同心、其力断金”说的就是古人眼中合作的重要价值。今天的我们处在一个全球一体化的大环境中，“合作”的观念已深入到生活中的许多领域，善于合作将会取得“1 +1 >2”的双赢，拒绝合作其结果可想而知。“人心齐、泰山移”，从小树立正确的合作观显得尤为重要。

【案例阐述】

很久以前，吐谷浑国的国王有20个儿子，他们个个本领高强，难分上下。可是，由于都认为自己最有才能，他们谁都不把别人放在眼里。平日里20个儿子就常常互相攻击、明争暗斗。

国王见此情景，心中很是担心。他明白敌人很容易利用这种不和的局面来各个击破，那样以来自己的国家就危在旦夕了。于是国王常常利用各种机会苦口婆心地教导儿子们要学会团结友爱，珍视合作的力量。可是儿子们对于父亲的话总是充耳不闻，依然我行我素。

国王眼看着自己的年纪一天天地大了，等到百年之后，儿子们怎么办呢？若他们还是这样互相倾轧、矛盾重重，那国家不是要不了多久就会四分五裂了吗？一想到这些，国王就忧心不已，时间一长，他终于病倒了。

有一天，久病在床的国王终于想出了一个好办法。他把儿子们召集到病榻跟前，吩咐他们说："请你们每个人都放一支箭在地上。"儿子们虽然有点莫名其妙，但还是照着做了。国王又叫过自己的弟弟说："你随便拾一支箭折断它。"国王的弟弟随手捡起一支箭，轻轻一用力，箭就断了。国王又说："现在你把剩下的19支箭全都捆在一起，再试着折断。"只见国王的弟弟抓住箭捆，使出了全身的力气，咬牙弯腰，脖子上青筋直冒，折腾得满头大汗，但始终也没能将箭捆折断。

这时，国王缓缓地转向儿子们，语重心长地说道："你们也都看明白了，一支箭，轻轻一折就断了，可是合在一起的时候，就怎么也折不断。你们兄弟也是如此，如果互相斗气，单独行动，很容易遭到失败，只有20个人联合起来，齐心协力，才会产生无比巨大的力量，才可以战胜一切，保障国家的安全。这就是合作的力量啊！"

儿子们终于明白了父亲的良苦用心，想起自己以往的行为，都悔恨地流着泪说："父亲，我们明白了，您就放心吧！"

【专家小贴士】

智慧的国王无疑也是一位富有责任心的父亲，通过折箭的道理使孩子们懂得：合作就是力量，只有团结合作，才能克服一切困难。看到故事中国王的一番苦心终被孩子们所领悟，我们倍感欣慰。在当今社会，较强的合作能力依然是我们必须具备的基本能力之一。作为父母，为了使孩子能够赢得一个可持续的发展平台，应该有意识地帮助孩子从小树立团结合作的观念。故事中国王的做法是值得我们借鉴的。

现在的独生子女各个都是父母的掌中宝，在家庭中，他们是众人关注和保护的对象，缺少了分享爱、付出爱的机会，这无疑滋生了他们的自我中心意识。渐渐地，孤僻、自私、冷漠成为他们性格的核心特征，这无论是对健全人格的形成还是和谐社会的营造都是不利的。作为父母，我们切不可忽视对孩子合作意识的培养。我们可以通过言传身教使孩子了解合作的价值和意义，并鼓励他们积极地走出去，广泛参与集体活动，在与他人合作的过程中真正体会到团队的重要性，体会到合作带来的快乐。

【误区小警示】

“上下同欲者胜”，合作中我们看到了团队的力量。但在引导孩子积极合作的过程中，家长不能笼统地教育孩子“你要合作”，而是要教给他一些可操作的具体方法。比如，如何在团队中正确地发挥个人的作用，既要为团队做贡献、讲协调，也不能完全丧失个体独立性，这个“度”如何把握。“将相和”“滥竽充数”的道理想必大家都明白。

第三节　我参与，我快乐

【理论小提示】

歌德说过："如果你要实现自己的价值，你就得给世界创造价值。"我们每个人作为社会的细胞，有义务参与社会事务，为社会的进步贡献一份力量。参与其中，积极奉献，最终收获的不仅仅是个人的进步，而且还有社会的发展。

【案例阐述】

玛格丽特·撒切尔是世界著名的政治家，以"铁娘子"而闻名于世。她三次蝉联首相，开创了英国政治的先河。在玛格丽特的成长道路上，对她影响最大的，当数她的父亲。

她的父亲艾尔弗雷德·罗伯茨，并没有受过正规的高等教育，而是自学成才，完全依靠个人奋斗起家。他在经商的同时，积极投身于公益事业和教会活动，在小城中颇有声望与号召力。玛格丽特2岁那年，罗伯茨已是当地的一位市政官。父亲在政治上的成功，唤起了玛格丽特的政治热情，幼小的她开始对政治产生极大的兴趣。那时，她的家常常成为人们议论时事政治的场所。受其影响，少年时代的她也常常加入到他们的讨论中去，有时父亲的同事们也要玛格丽特发表一下自己的看法。从此，玛格丽特开始关注并积极参与各种社会活动。父亲在政治上的执着追求及其是非观、道德观潜移默化地熏陶着玛格丽特，使她满怀理想和抱负，在政治氛围的浸润中长大成人。

发现了女儿身上蕴藏的巨大潜质后，父亲抓住一切机会对玛格丽特进行培养和教育。他把自己渊博的知识、丰富的生活经验、坚定的人生信条，统统悉心传授给了女儿。玛格丽特日后的信仰及政治主张，也与父亲的教诲有着必然的联系。

玛格丽特的中学时代，是在著名的凯蒂文女子中学度过的。一次，凯蒂文女中来了一支巡回讲演团，就世界现状等问题进行讲演。在最后回答听众提问阶段，玛格丽特一次次勇敢地站起来，就诸多问题尖锐地提出自己的疑问。她思路清晰，语言流畅，观点新颖，有条不紊，一下子震惊了全场。

中学毕业后，她顺利地考入了牛津大学化学系。在牛津的4年大学生活，使玛格丽特由来已久的政治热情，得到进一步的激发与升华。大学中，玛格丽特积极参加各种政治活动，从中学会了从事政治活动所必须的各种社交技能，并逐渐形成自己办事干练、讲求实效的工作作风。

【专家小贴士】

父爱如山，父亲教会我们要有担当，教给我们立身处世、爱家爱国的道理。作为一个社会人，我们必须放眼其中，参与其中，为社会的进步与发展贡献自己的力量。在这方面，玛格丽特的父亲为我们树立了榜样。他并没有受过高等教育，但他"家国天下"，并通过自己的不懈努力对女儿世界观的形成产生了深远的影响，最终引导女儿登上了英国政坛的巅峰。作为父母，我们是教育孩子积极参与社会，还是生活在自己封闭的小圈子里呢？我想玛格丽特的父亲已经为我们提供了答案。

零零后的孩子唯我独尊，个性较强，对自己身外的事情往往采取事不关己的态度。我们认为，家长在教育子女的过程中，要时时注意给孩子培养一种"有国才有家"的观念，让孩子从小关心国家大事，逐渐形成正确的世界观和价值观，尽可能多地参于社会活动，树立起主人翁意识，为国家的未来建言献策。

【误区小警示】

"参与着"并不总是"快乐着"，在教育孩子积极参与集体活动、投身社会事务的时候，家长对孩子切不可盲目自信、贪多求全。首先要让孩子对自己的能力做出客观的判断，自己擅长什么、短板是什么，扬长避短，选择做适合自己的公共事务，这样才会"参与并快乐着"。

第二章　感恩社会——培养孩子的社会公德心

投我以桃，报之以梨。——《诗经》

没有感恩就没有真正的美德。——卢梭

第一节　感恩从小事做起

【理论小提示】

美籍华人作家刘墉曾说："感恩不仅是一种情感，更是一种人生境界。"当前以独生子女为主的家庭中普遍存在一些不良倾向：只知受惠，不知感恩；只知被爱，不知回报。为此，家长在努力提高孩子的智商时，也要注重孩子情商的培养，教孩子知恩、感恩。常怀感恩之心，从身边小事做起，我们便能够无时无刻地感受到家庭的幸福和生活的快乐。

【案例阐述】

（一）

陈鹤琴是我国著名的幼儿教育家，他试行家庭教育的成功，受到了全国乃至世界各国的认可。陈鹤琴研究幼儿教育从观察和实验入手。1920 年，他首先以自己的第一个孩子陈一鸣为对象，开始了他的研究工作。有一天，一鸣因为家里的保姆不听他的话，就骂了句："讨厌的东西！"陈鹤琴听到后不禁心头一震。他把一鸣叫到身边，蹲下来轻轻地在他耳边说了几句话，只见一鸣点了点头，跑到保姆跟前，仰起脸来说了声："大姐，对不起!"保姆的脸上有了笑意，挽起一鸣的手带他去玩了。事后，陈鹤琴又在琢磨这件事。他想，一鸣这样小，就会骂保姆，妄自尊大，这决不是天生的，而是做父母的没有好好教育孩子的缘故。做父母的在教育小孩子礼貌地对待保姆的同时，平时还要注意自己的态度言行，做小孩子的榜样。另外，凡小孩子自己能做的事，要叫他们自己去做，否则会助长孩子的虚骄之气。他按着自己所想的去做了，不仅教育孩子，也监督家里成人的行为，以后家中再也没有出现过这种现象。

有一天，两岁多的一鸣坐在小凳子上玩，祖母在他旁边站着，陈鹤琴进屋看见了，就俯身对孩子说："一鸣，你去拿把椅子给祖母坐。"一鸣应了一声，立刻站起身来，吭哧吭哧地搬来一把椅子。祖母接过椅子，笑眯眯地坐了下来。陈鹤琴指出："无论什么人对待长者都应当有礼貌。要做到这一点，他们小的时候，做父母的就要留心教他们。"他认为，父母首先应当做到以礼待长辈，平时还应留心用种种方法去教育孩子，如称赞有礼貌的人，对孩子敬重长辈的行为给予鼓励等，使孩子学会自觉地去尊敬长辈。凡是文明的民族、礼仪之邦，均注重和讲究礼节礼貌，将礼貌言行视作衡量道德水准高低和有无教养的尺度，为此，我们必须教孩子从小学会尊重他人、谦虚恭敬、礼貌待人，并且首先从自身做起。

(二)

"查尔斯，你只要把上午的功课做完就能出去玩一个小时了。"父亲说。10岁的查尔斯是一个品学兼优的好孩子，没过多久，功课便做完了。对于像他这个年纪的小孩，玩耍是极具诱惑力的一件事儿。他最爱到河边渔夫家去。渔夫打鱼，妻子纺线，他们无忧无虑地生活着。尽管生活贫苦，但是他们生活得很快乐。他们还有一个聪敏可爱的孩子，他们唯一担心的就是儿子的上学问题。因为他们都不识字，自己不能教孩子，而且他们也没有钱送儿子去学校。有一天，查尔斯去渔夫家玩的时候看见小男孩坐在桌子旁，用粉笔在桌上画着什么，便问："你在画画吗?""不，我在学写字。"小男孩回答，"我在站牌上看到两个字，我正要把它们写下来呢。如果我能读书和认字，那我一定会是世界上最快乐的人。"

“这就是你最大的愿望？我想我能够帮助你。”查尔斯很高兴能帮助这个小男孩。于是，查尔斯每天利用出去玩的一个小时教这个孩子读书和写字。小男孩学习很用心，很快就会写很多字了，而且发音也很准确。后来，父亲的一位朋友来拜访。当问到查尔斯时，父亲说：“他可能去散步了。”“我想他可能不是去散步了”，朋友说，“我经常看见他到渔夫家的船上玩。”父亲听了匆匆赶往渔夫家。但是没看到船，渔夫一早就出去打鱼了。他开始为查尔斯担心起来。不远处有个小木屋，那是渔夫的家。罗斯先生走了进去，他看到了令人感动的一幕：查尔斯坐在桌子一旁，另一边是个小男孩儿，他正在写查尔斯念的字，边把自己写的字给查尔斯看边问：“老师，我写得对吗？”父亲很感动，也很高兴。第二天，他专门为查尔斯和那个小男孩儿买了些书、纸、钢笔和墨水。父亲为查尔斯懂得帮助别人而高兴。

【专家小贴士】

只有心怀感恩，我们才能以良好心态融入社会。具体如何去做呢？我们不妨从身边的小事做起，从尊重他人、帮助他人做起。“老吾老，以及人之老，幼吾幼，以及人之幼”，拥有一颗善良、热忱的公德之心，就已经踏上了感恩社会的美好旅程。而在公德心的培养方面，案例中陈鹤琴、查尔斯的父亲已经为我们做出了榜样，那就是积极引导、及时肯定。父母是孩子的第一任老师，生活中家长的所言所行就像春雨润物，比空洞的说教更有效。

孩子若能常怀感恩之心，不仅有助于培养他们与人为善、乐于助人的品德，促进健康人格的形成，而且对其今后和谐人际关系的建立也有积极作用。感恩教育不妨从身边小事做起，一方面，家长自己怀着一颗感恩的心，用自己的言行去感染孩子，使他们从小学会感谢父母、感谢朋友、感谢社会；另一方面，家长要对孩子进行正确的引导，如对孩子的感恩行为进行积极的鼓励和肯定，使他们意识到这样做的重要意义，并能逐渐形成一种习惯的力量。

【误区小警示】

懂得感恩是一种内在修养的体现，在孩子的感恩教育中，要防止孩子形成一些不正确的思想。比如，这件小事不足挂齿，我无需表达我的感激。要知道，感恩之事无大小，感恩之事无亲疏。

第二节　在感恩中负起责任

【理论小提示】

我们每个人的成长都离不开科技、文化、教育等社会资源和社会服务，这是许许多多人共同拼搏和奋斗换取的。中国有句俗语："滴水之恩，当涌泉相报。"作为受益者，父母不仅应该教会孩子知恩，而且要时刻提醒孩子在感恩的实际行动中肩负起自己对家庭、社会、国家应尽的那一份责任。感恩让我们懂得担当，学会给予，获得成长，是人生的大智慧。

【案例阐述】

（一）

梁启超曾对他的孩子说："人生在世，常要思报社会之恩，自己做得一分是一分，便人人都有事可做了。"他一生虽历经沧桑坎坷，但爱国之心始终不变，以著作报国达40年。他对子女的影响和教育贯穿着一个中心，就是对祖国的无限热爱。在家里，他经常向子女们讲祖国历史上的民族英雄和爱国者的故事；孩子们长大离家后，他仍以书信形式继续进行爱国主义教育，鼓励孩子们努力学习，掌握专业知识，将来报效祖国。在他的教育影响下，孩子们自幼对祖国怀着深厚的感情，立下了报国之志。梁启超的九个子女中，先后有七个曾到外国求学或工作，他们学贯中西，是各行各业的专家学者，完全有条件进入西方上流社会，享受优厚的物质待遇。但是，他们却无一人留居国外，都是学成后即刻回国，与祖国共忧患，与民族同呼吸。抗战期间，梁启超的长子、著名古建筑专家梁思成和夫人林徽音在四川过着清贫的生活，且都疾病缠身，却仍然顽强地坚持在自己的工作岗位上。当时美国的一些大学和博物馆都想聘请他们去工作，这对他们夫妇治病也大有好处。但是，他们均一一拒绝了。梁思成说："我的祖国正在苦难中，我不能离开她，哪怕仅仅是暂时的。"新中国成立后，梁启超的家人以极大的政治热情投身于新中国的建设事业，虽历尽磨难而无怨，以一腔热血报效祖国。他们全家人在梁启超夫人王桂荃和长女、时任中央文史研究馆馆员梁思顺的主持下，将梁启超遗留下来的全部手稿都捐赠给北京图书馆，并把北戴河一座别墅献给了国家。1978 年，梁启超的次女、著名的图书馆学专家梁思庄又代表全家将梁启超坐落在北京卧佛寺的陵园和几百株树木献给了国家。1981 年，梁思庄组织在京的弟、妹集体自费回广东新会探望乡亲父老。他们带去了梁启超的亲笔字卷和战国编钟，赠送给广州和新会博物馆。至此，梁启超和他的子女们将他们所能献出的一切全部奉献给了祖国。

（二）

麦迪逊是美国最伟大的总统之一，他虽然身材矮小，但却是思想上的巨人。这一切不但归功于他那不同寻常的大脑，也归功于他那貌不惊人但极具使命感的父亲。用"天下兴旺，匹夫有责"这句话来概括他的家训再恰当不过了。麦迪逊的童年时期，父亲虽然很忙但却不经常外出，他们经常在一起，建立了密切的关系。父亲对麦迪逊的影响很大。他算不上是个有学问的人，但他敦厚的性情、强烈的责任感，也对麦迪逊产生了影响。老麦迪逊是个虔诚的清教徒，小镇上的教堂建立起来后，他就积极参与各种宗教活动，自从弗吉尼亚正式建立起圣公会宗教组织以来，他就一直是教区委员。由于他声望好，还被大家推举为治安法官，负责奥兰县的治安事务，此外，他还担任着民兵上校。"英法七年战争"期间，老麦迪逊作为自卫队的首领，维护了当地的安全，这也使他得到了更多人的尊重。他的这段经历也使麦迪逊认识到了责任对于个人和国家的重要性。新泽西学院的教育使麦迪逊具有强烈的爱国心和责任感，这所学校的校风和其他学校明显不同，是爱国主义的温床，这种气氛，正是受到过严格宗教洗礼的老詹麦迪所乐观其成的。毕业典礼上，麦迪逊和他的同学们穿的不是英国服装，而是地道的美国服装，大家都以此为荣。他在临死前所写的《对我的国家的忠告》中说："我发自肺腑的忠告和我心灵深处的信念，就是要珍惜和维护美利坚合众国，并使其永存"，表达了他对于国家的深沉的责任感。

【专家小贴士】

梁启超对子女的影响和教育贯穿着一个中心，就是对祖国的无限热爱；用"天下兴旺，匹夫有责"来概括麦迪逊的家训最为恰当。不得不承认，梁启超和老麦迪逊在教育孩子的时候都不约而同地强调了一点，那就是，感恩社会的最佳途径就是肩负起自己的责任。不论是在目前的学习中，还是在以后的工作中，心中有国家，尽职尽责，兢兢业业，时刻以国家利益为重，就是对社会、对祖国最好的回报。

责任是权利的双生儿，要想享受权利，就必须勇担责任。作为被宠大的一代，我们的孩子心安理得地享受着家庭和社会为他们创造的一切，普遍责任感不强，甚至根本就没有责任意识。家长应该有意识地对孩子进行这方面的训练和培养，使他们懂得别人的付出，感恩别人的付出，在感恩中学会心系他人，心系祖国，做一个顶天立地的敢于担当的人。

【误区小警示】

我们强调感恩的重要性，对于扭转当前新生代孩子中责任感较缺乏的现象是有积极作用的，但家长也不可忽视另外一个方面的教育，即：比坐等感恩更重要的是首先付出，且应告诉孩子这种付出是循序渐进、由易入难的，切不可用高深的大道理或者孩子暂时无法做到的事情，让孩子对于所谓的"责任"产生抵触情绪。

第三章　诚信——孩子最好的名片

生命不可能从谎言中开出灿烂的鲜花。——海涅

走正直诚实的生活道路，必定会有一个问心无愧的归宿。——高尔基

没有诚信，何来尊严？——西塞罗

诚实是人生的命脉，是一切价值的根基。——德莱

第一节　诚实赢得信任

【理论小提示】

莎士比亚曾说过："没有一种遗产能像诚实那样的丰富了。"父母教育孩子时，在诚信这点上确实要格外重视，从小要有意识地培养孩子诚实的品质。只有在这个核心的原则上站住了脚，其他的行为才有了坚实的基础和正确的方向，倘若失去了"诚实"这个基本前提，一切行为的后果都难以想象。

【案例阐述】

（一）

司马光砸缸的故事可谓家喻户晓。他6岁的时候，常跟姐姐在父亲的书房外面玩。有一天，司马光拿来一些核桃皮，让姐姐把皮去掉。皮很难剥，姐姐的小手剥了几下没有剥掉，就走了。一会儿，一个婢女进来，把核桃仁用开水一烫，再用小刀一刮，皮就好剥了。姐姐又回来，看见弟弟手里白白的核桃仁，很奇

怪，便问道：“皮是怎么剥掉的？”司马光得意地摇了摇脑袋，说：“是我自己剥掉的。”

姐姐想起不久前他砸缸救小朋友的事儿，就信以为真，连连称赞说：“好弟弟，你真聪明。”

外屋发生的事情被坐在里屋读书的父亲看得一清二楚。于是他放下书本，走到屋外，看着司马光的眼睛问：“这核桃仁是你剥的吗？”司马光的脸一下子红了，低下头说：“不是。”父亲说：“一个人聪明是好事，但要老实。说谎、骗人，都不是好孩子，我希望我的儿子做个老实人。”司马光连连认错，从此再也不撒谎了。

司马光考取进士以后，有一年，他到并州做官。并州邻近强大的西夏国，那里战事不断。为了防御西夏的入侵，麟州知州武戡向司马光建议，在黄河以西的地方修筑两个坚固的壁垒。于是司马光便向他的上司庞籍报告了此事，庞籍很快就同意了这个建议。

司马光便选派了军官郭恩秘密渡过黄河去修筑这两个堡垒。

郭恩狂妄自大，没有对西夏的情况进行了解，喝得醉醺醺地带着1000多人渡过了黄河去修堡垒，结果士兵们刚渡过河，便遭到西夏军队的攻击，1000多人全部战死。消息传到京城以后，朝廷便免去了庞籍的职务，这时司马光想起了父亲曾经说过的话：“我希望我的儿子做个老实人。”司马光认为这个错应该归于自己，不能让庞籍为自己背黑锅，于是他便主动向朝廷写信表示愿意承担责任。为这事儿好多人都说他是个笨蛋，但司马光一点儿都不后悔，反而因为放下了心理包袱而感到轻松。

皇上不仅没有责怪司马光，反而嘉奖了他的忠诚，更加信任他了。司马光觉得皇帝是个明君，从此更珍惜自己的名声，谨遵父亲的教诲，一心为朝廷效力，最后终于成为了德高望重的朝廷要员。

（二）

“一个人有两样东西谁也拿不走，一个是知识，一个是信誉。我只要求你做一个正直的公民。不论你将来是贫或是富，也不论你将来职位高低，只要你是一个正直的人，你就是我的好儿子。”这是联想集团董事局主席柳传志的父亲对他的教诲。父亲去世后，柳传志回忆说：“父亲一生的才华我们无法全部学到，但他一生清白做人的品质一直影响着我们。我们兄弟姐妹几个，工作性质不同，事业有大有小，但我们每个人挣的每一个铜板都是干干净净、清清白白的。”柳传志提到发生在联想集团内部的一件事。他说：“1996 年、1997 年，香港联想因为库存积压造成巨额亏损，高达 1.9 亿港元，这在当时是个很大的数字。”在这种危急关头，联想的领导层竟然选择了首先告知银行亏损的消息，然后再申请贷款。一般人认为，先借钱再通知银行亏损状况或者干脆不通知会比较容易借到钱。但是联想宁愿付出代价也不愿失去银行的信任。此举果然取得了银行的信任，再次贷到了款。“如果联想不是长期守信用，这件事根本就做不成。”柳传志这样说。

【专家小贴士】

孩子说谎常常令父母无所适从。若反应过于强烈，怕伤了孩子的自尊心；若过于轻描淡写，又担心没有起到应有的警示作用，父母应该如何是好呢？司马光的父亲没有姑息迁就，而是当面揭穿他的谎言，但又避免了方式的简单粗暴，辅以循循善诱的道理，让司马光铭记在心，成功戒谎。柳传志的父亲则从一开始就为孩子们树立了道德标准，作为他们人生的坐标，指导孩子们的言行。无论是面对问题及时纠正，还是防患于未然，两位父亲的做法都值得我们借鉴。

诚实是人生的命脉，是一切价值的根基。一旦为人处世的大方向都错了，那么你再怎样努力无疑也是南辕北辙。换言之，成人比成才更重要。在培养孩子树立诚实意识的具体做法上，父母应该注意这样几点，例如：以理服人，娓娓道来，不可有过激行为；就事论事，切中要害，不可盲目责备孩子；培养孩子自我反省错误的能力，这会比家长指出错误并令其改正的效果要好得多。

【误区小警示】

因着“诚实”与否可以直接决定一个人将来的发展，所以当家长发现孩子有撒谎的行为时，往往无法容忍，情绪激动时难免会处理不当。其实我们还应细心观察、分析孩子撒谎的原因，做一名冷静、智慧的家长。比如案例中的司马光小时候就是因为逞能而撒谎。家长要找准撒谎的原因，才能对症下药，切不可否定一切、无情地打击孩子。

第二节　正直赢得尊敬

【理论小提示】

当今社会中，我们的物质生活水平日新月异、快速提高，同时，一些道德滑坡现象也早已屡见不鲜。在是非问题前，弃真理而求利益的做法常常令人瞠目。沃伦·巴菲特说过：“正直、勤奋、活力，如果你不拥有第一个品质，其余两个将毁灭你。”父母在一味强调孩子智力发展的同时，品质教育也的确不容忽视。

【案例阐述】

（一）

文天祥的父亲文仪喜爱竹子，他在院落内外栽了许多翠竹，还给书斋起名“竹居”。他经常与文天祥兄弟二人谈论竹子的功用和性质，以启示他们做人要正直坚强。

一天，面对窗外的竹林，文仪问道：“你们兄弟二人知道竹子都有哪些用途，看看你们谁说的最多？”弟弟文璧抢先回答：“竹子可以做筷子，编篮子，能制床，做桌子、椅子，盖房子，扎扫帚，还可以做扇子、斗笠……”文天祥接着说：“弟弟说得对。还有重要的一项是竹子可以制笔，可以做成竹简。历史上的许多书都是写在竹简或刻在竹简上的，没有竹子，我们哪能知道古代那么多事情啊！”

“不错，你们说得都对，竹子的功用很大，而且它具有高尚的品格。你们知道吗?”父亲进一步发问。

“竹子历经风雪而不凋零，”弟弟文璧说，“别的花草一遇霜打风吹都枯死了，而竹子却依然挺立翠绿。古人称松、竹、梅为岁寒三友，说的就是这种不畏冰雪严寒的性格。”

“竹子无论在山地还是在平原都能生长，它不要求很好的环境，”文天祥望着院子里的翠竹说，“竹子质地却很坚硬，不管风吹雨淋，它都保持正直，从不肯低头弯腰！”

父亲频频点头，他指着窗外的竿竿修竹说，“我生来最喜爱竹子，原因就在这里。竹子身可焚而不可毁其节，干可断而不可改其直。做人也要这样。”

“您放心吧，我和弟弟会像竹子那样去做人，即使遇到逆境，也决不低头，决不变节。”文天祥坚定地对父亲说。

后来，在抗击元军的过程中，他不幸被俘。元军逼迫他写信劝降保卫崖山的南宋将领张世杰，他坚决拒绝，并写了一首七律叫元将给张世杰，这就是著名的《过零丁洋》。当时元军统帅看了这首诗后，也对文天祥的凛然之义大加赞叹。

后来他被押送到大都，此后三年中，元朝统治者多次对他威逼利诱，他想起父亲小时候跟他说过的话，爱国之心始终没有动摇。1283 年，他慷慨就义。他的崇高气节一直受到人们的景仰，激励了无数仁人志士。

后人评价文天祥“生为人杰，死为鬼雄。”他的确堪称刚正不阿的“竹子”。文天祥用他的一生印证了这句话。

（二）

李嘉诚曾说过：“对子女的教育，百分之九十九应该教他们做人的道理，即便是他们成人后，也应该是三分之二教他们如何做人，三分之一才是教他们如何做生意。”所以李泽钜和李泽锴从小就接受这样的教育——要真正做一个好人、做一个正直的人，然后才是做一个成功的人。做正直的人必须不贪图小利，多为别人着想，而做一个成功的人，必须勤奋努力，诚实守信。

李氏兄弟的童年时期，每有空闲，辛苦了一天的李嘉诚都会拿出《老子》《庄子》等书，一句一句读，然后再一个字一个字地解释给儿子听。时间一长，李泽钜和李泽锴就记住了那些传统的做人准则，比如诚实，正直。其实，李嘉诚的这种思想由来已久。那是1943年的事情，他的父亲刚刚去世，为了安葬父亲，李嘉诚含泪去买坟地。卖地给李嘉诚的是两个客家人。李嘉诚将买地钱交给他们，并坚持要求去看地。这两个人看李嘉诚是个小孩子，以为好欺骗，就将一块埋有他人尸骨的坟地卖给他，并用客家话商量如何掘开这块坟地，将他人尸骨弄走。可是，李嘉诚听得懂客家话。他震惊地想，世上居然有如此心黑、这样挣钱的人，甚至连死去的人都不放过；想到父亲一生光明磊落，即使现在将他安葬在这里，九泉之下的父亲也得不到安眠的。李嘉诚深知这两个人绝对不会退钱给他，就告诉他们不要掘地了，他另找卖主。这次买地葬父的一番周折，深深地留存在李嘉诚的记忆里，他不仅上了一堂关于人生、关于社会的教育课，而且对于即将走上社会，独自创业的李嘉诚来说，也是面临道义和金钱如何抉择的第一道难题。这促使李嘉诚暗下决心，不管将来创业的道路如何险恶，不管将来生活的情形如何艰难，一定要做到：在生意上不坑人，在生活上乐于助人，要做一个正直的人。在对儿子的日常教育中，李嘉诚将这种思想潜移默化地灌输给了他们。而且为了着力培养孩子们的这种美德，李嘉诚也不只是说说而已，还在生活中要求他们从点滴做起。有一次，香港刮台风，李嘉诚家门前的大树被刮倒了，李嘉诚看到两个菲律宾工人在风雨中锯树，马上把儿子从床上喊了起来，指着窗外的工人说："他们背井离乡从菲律宾来到香港工作，多辛苦，你们去帮帮他们吧。"李泽钜和李泽锴马上穿上衣服走进了风雨，而这时的李嘉诚在他们身后绽开了笑容。

【专家小贴士】

作为家长，我们时常会给孩子灌输一些做人的大道理，但很多时候，由于方法不当，说理肤浅、空洞，往往收效甚微，甚至还会适得其反。在这方面，文天祥的父亲给我们做出了很好的榜样，他寓教于生活，将抽象的道理融汇在生动的事例中，使孩子易于理解，且印象深刻，起到了非同凡响的效果；李嘉诚也身体力行，为孩子树立了很好的榜样。

正如李嘉诚所说，对子女的教育，百分之九十九应该教他们做人的道理。文天祥的父亲很重视智力教育，甚至亲自给文天祥和弟弟授课，但他也注意孩子的品格教育。正直是一种高尚的品质，要求人们坚持原则，凭良心办事，在需要的时候能够站出来维护正义，因此正直的人赢得尊敬。作为父母，我们应该以身作则，通过自己的言行举止，使孩子从小心存正气，表里如一。

【误区小警示】

如今我们处在一个和谐的社会环境中，在教育孩子坚持原则的同时，也要告诉孩子正确表达内心的方式，要避免所谓的“愚直”。要知道，好的东西也要讲究包装，若因说话、做事过于直接，让他人难以接受，导致正确的思想无人采纳，不得不说是一件很遗憾的事情。

第三节　言而有信，一诺千金

【理论小提示】

历史上，商鞅立木取信，一诺千金；周幽王烽火戏诸侯，言而无信。结果前者变法成功，国强势壮；后者自取其辱，身死国危。前车之鉴告诉我们，“信”对一个国家的兴衰存亡起着非常重要的作用。西汉时期的刘向也曾说过：“人背信则名不达。”可见，“信”也是做人的基本行为规范，它于我们个人而言是笔无形的资产，可以帮助我们获得成功，也可以导致我们一无所有，“信守诺言”应该成为我们孜孜以求的人生信条。

【案例阐述】

（一）

墨西哥前总统比森特·福克斯·克萨达以诚实守信而受到墨西哥人民的尊重。

一次，福克斯受邀到一所大学演讲。一个学生问他："政坛历来充满欺诈，你从政这么长时间有没有撒过谎?"福克斯说："从来没有!"大学生在下面窃窃私语，有的还轻声笑了出来。他们认为，每一个政客都会这样表白，说自己从来没有撒过谎。

然而福克斯并不气恼，他说："孩子们，也许我很难证明自己是个诚实的人。但是你们应该相信，这个世界上还有诚实，它永远都在我们周围。我想讲一个故事，也许你们听后就会忘掉，但是这个故事对我很有意义。"

他说：有一位父亲是个小农场主。一天，他觉得园中的亭子已经太破旧了，就安排工人们准备将它拆掉。他的儿子对拆亭子这件事很感兴趣，于是对父亲说："爸爸，我想看看你们是怎样拆掉这座亭子的，等我从寄宿学校放假回来再拆好吗?"父亲答应了。可是，等孩子走后，工人们很快就把亭子拆掉了。孩子放假回来后，发现旧亭子已经不见了。他闷闷不乐地对父亲说："爸爸，您撒了谎。"父亲惊异地看着孩子。孩子继续说："您说过的，那座旧亭子要等我回来再拆。"父亲说："孩子，爸爸错了，我应该兑现自己的诺言。"于是，这位父亲又安排工人，让他们按照旧亭子的模样在原来的地方重新建了一座亭子。亭子建好后，他将孩子叫来，然后对工人们说："现在，请你们把它拆掉……"

福克斯说："我认识这位父亲，他并不富有，却在孩子面前兑现了自己的诺言。"学生们听后问道："请问这位父亲叫什么？我们希望认识他。"福克斯说："他已经去世了，但是他的儿子还活着。""那么，他的孩子现在在哪里？他应该是一个很诚实的人。"福克斯平静地说："他的孩子现在就站在这里，就是我，墨西哥总统福克斯。我想告诉大家的是，我愿意像我父亲对我一样对待这个国家，对待这个国家的每一个人。”

福克斯说完，台下响起雷鸣般的掌声……

（二）

宋庆龄的父亲宋嘉树，年轻时很贫穷，为了生活他在国外找工作。一个冬天的下午，宋嘉树裹着一件单薄的大衣，徘徊在寒冷的街头，他已花光了身上所有的钱，可是还没有找到工作，现在连吃饭的钱都没有了。他正站在马路上发呆，突然一辆马车猛跑过来，宋嘉树来不及躲闪，被马车撞伤了。

马车的主人非常善良，不但把他带到家里，给他请大夫，而且还派专人护理他。病好以后，还给他找了一份工作。宋嘉树工作诚实，任劳任怨，深受老板的喜欢，不久就给他加了工钱。很快他就有钱了。

这件事对他的影响很大，他经常教育自己的孩子从小要养成诚实善良的品德，这样对人对己都有好处。他的二女儿宋庆龄牢牢地记住了父亲的话，从小就诚实、善良、守信。

一个星期天，宋嘉树一家用过早餐，准备到一位朋友家做客。

小庆龄听到这个消息后，高兴得跳了起来。她最喜欢到这位叔叔家去了，叔叔家养的鸽子长着尖尖的嘴巴，红红的鼻子，黑黑的小眼睛，漂亮极了！叔叔还说准备送她一只。小庆龄想到这些心里就高兴，她急急忙忙跑到自己的房间里，把自己最漂亮的衣服找出来穿上，准备和爸爸一起去叔叔家。

她刚跟着爸爸妈妈走出门，突然想起今天上午小珍要来跟她学叠花篮，于是下意识地就停住了脚步。父亲见庆龄站在那里不动，就问：“庆龄，你怎么落后了，难道你不想去看鸽子了吗?”

庆龄说出原委。父亲说：“没关系，明天你去小珍家教她吧。”

庆龄为难地说：“不行，我们已经约好了，不见不散。我走了，会让她失望的。”

姐姐劝道：“小珍不会怪你的，明天见到她，解释一下就行了。”可是庆龄仍然站在那儿不动：“爸爸说过，做人要信守诺言。如果我忘了，明天见到她，可以道歉；可是现在我想起来了，我就得在家里等她，不然就不守信用。”

听了女儿的话，宋嘉树心里很高兴，他对其他的孩子说：“庆龄做得对，你们都应该向她学习，做个讲信用的孩子。”父亲到了朋友家，把这件事跟他的朋友讲了，那位叔叔还让父亲给庆龄带回两只鸽子，算是对她的奖励。宋庆龄从小就养成的诚实善良的品格，一直伴随着她的一生。

【专家小贴士】

诚挚、严谨的人做人做事光明磊落，一言九鼎。在他们的人生词典里，准则的涵义已超出了准则本身，而是带着一种耀眼的人类理想。福克斯的父亲将一个亭子拆了两遍，决不仅仅是为了满足孩子的一个愿望，更是一种道德的自我完善。他以身作则，对孩子的一生产生了重要的影响。宋庆龄的父亲则不仅注重平日的言传身教，在孩子遇到问题时，也能够及时地鼓励和肯定，帮助孩子坚守信念。两位父亲的做法，都值得我们学习。

《论语》有言：“与朋友交，言而有信。”“一诺千金”也许看起来只是一种为人处世的作风，可它的内涵却涉及到你对世界是否尊重。孩子作为祖国的希望，将来要担负起建设国家的重任，父母一定从小就要培养其“信”的美德。要让孩子从内心深处明白，诚实守信、说话算话是做人的基本准则；在社会中，一个希望得到社会尊重和支持的人，是不会牺牲诚信原则的。

【误区小警示】

碎石瓦片终将成为城池，一花一世界，孩子再小也应平等对待。因此，切不可认为“一诺千金”只是成人世界的故事，而忽略孩子的感受。大人在孩子的诚信教育中，要认真聆听孩子的声音，要做孩子可以借鉴的明镜，我们对孩子信守诺言，孩子就会对他人言出必行。